グループワークで日本語表現力アップ

野田春美　岡村裕美　米田真理子

辻野あらと　藤本真理子　稲葉小由紀　著

ひつじ書房

目 次

はじめに	iv
グループワークの例	vi
プレゼンテーションの例と注意点	vii

第Ⅰ部　1課　イントロダクション …… 2

ステージ1　情報発信力アップ
- 2課　表現の基礎（1）―表記と言葉づかい― …… 10
- 3課　情報を整理して示す―メモやメニュー― …… 18
- 4課　情報を確実に伝える―注意書き― …… 26
- 5課　情報を正確に伝える―連絡・案内のメールなど― …… 32
- ステージ1まとめ …… 38

ステージ2　コミュニケーション力アップ
- 6課　表現の基礎（2）―読みやすい文を書く― …… 40
- 7課　相手に合わせて表現する―敬語― …… 46
- 8課　配慮して伝える―行動を促す文章― …… 52
- 9課　丁寧に伝える―手紙の書き方― …… 60
- ステージ2まとめ …… 67

ステージ3　アピール力アップ
- 10課　表現の基礎（3）―わかりやすい文章を書く― …… 70
- 11課　アカデミックな文章を書く …… 74
- 12課　企画をアピールする …… 80
- 13課　自分を表現する―自己PR 基礎編― …… 90
- ステージ3まとめ …… 98

第Ⅱ部
- 14課　レポートとは何かを知る …… 100
- 15課　テーマを絞りこみ、資料を探す …… 106
- 16課　論拠を示す …… 114
- 17課　文献から引用する …… 118
- 18課　アンケート調査をする …… 124
- 19課　図表を利用する …… 130
- 20課　プレゼンテーションで内容を見直す …… 136
- 21課　レポートを仕上げる―タイトル・推敲― …… 140
- レポート執筆のまとめ …… 144
- 22課　自分を表現する―自己PR 発展編― …… 146

このテキストのまとめ	152
付録	153
参考文献	163
おわりに―このテキストができるまで―	164

はじめに

●グループワークで文章表現力を学ぶ

　このテキストは、大学1年生の「文章表現」や「日本語表現」などの科目において、グループワークによって文章表現力を身につけることを目的に作成したものです。グループで課題に取り組むことで、さまざまな意見を取り入れることができ、客観的な文章が書けるようになります。また、ほかの人の意見を聞く姿勢や、自分の考えを人に説明する能力を磨くこともできます。話し合った結果を発表することで、プレゼンテーションの力も身につきます。

●テキストの構成

　テキストは22課から成り立っています。
　第Ⅰ部は3つのステージに分かれており、文章表現にとって大切な3つの力を向上させます。
　　ステージ1　情報発信力アップ
　　ステージ2　コミュニケーション力アップ
　　ステージ3　アピール力アップ
　各ステージのテーマに沿って、身近な素材を扱いながら、表現の多様性と読む人にとってわかりやすい文章の書き方を学んでいきます。
　第Ⅱ部では、第Ⅰ部で学んだことをふまえつつ、学術的な文章「アカデミック・ライティング」について学びます。各課の内容に従って作業を進めていくことで、レポートを書き上げる力を身につけます。
　また、第Ⅰ部と第Ⅱ部の最後には、それまでに学んだことをいかして自分を客観的に表現するために、自己PRを学ぶ課を設けています。13課は「基礎編」、22課は就職活動にも使える「発展編」です。

●課題の取り組み方

　第Ⅰ部では、文章表現の効果的な方法を、主にグループワークによって考えていきます。グループによって異なる課題に取り組むことを想定していくつかの課題を用意していることや、正解よりも考えることを重視する方針は、『日本語を書くトレーニング』(ひつじ書房、2003年)を参考にしています。

第Ⅱ部でのレポートの作成にも、グループワークを取り入れることを推奨しています。レポートの執筆は個人でおこないますが、作業の過程でメンバーの意見を取り入れて、よりよいものを作り上げます。

　また、各課の最初に「この課の目標」を掲げています。目標を確認してから課題に取り組むことで、その課で身につける点を明確に意識することができます。

● 大学で文章表現を学ぶことの意味

　文章表現力は、社会人になってからも重視されます。文章表現力を磨くことは、論理的に思考する能力を磨くことにもつながります。このテキスト作成のために社会人約600名を対象としておこなったアンケート調査（野田ほか（2014））においても、社会人には、論理的に書く能力、わかりやすく書く能力が必要とされていることが明らかになりました。

　また、近年、「社会人基礎力」を身につけるための取り組みが盛んになっています。経済産業省によると、「社会人基礎力」とは、「前に踏み出す力」「考え抜く力」「チームで働く力」の3つの能力を総合したものです。このテキストを用いた授業では、グループワークにおいてほかの人と意見を交換するプロセスを繰り返し体験することにより、主体性、深く考える力、チームで協力する姿勢を身につけます。

● 成長を実感するために

　論理的な文章を書く力を身につけるためには、時間をかけて繰り返し練習する必要があります。授業で課題に取り組む1年間、もしくは半期の間に、文章表現力は少しずつ向上していきます。その成長を自分自身で実感するためには、第Ⅰ部の各課の最後の「振り返り」で授業の内容を記録し、気づいた点を書きためたものを見直すとよいでしょう。また、ステージ1～3の最後には、各ステージのまとめと、グループワークやプレゼンテーションの活動についての振り返りを設けていますので、それを活用してください。

　そして、このテキストをすべて学び終えたときに、1課の課題1と同じテーマで文章を書くことをおすすめします。2つの文章を比べて、自分がどのように成長したかを、自身の目で確かめてみてください。

グループワークの例

ここではグループワークの例を示します。この例を参考に、効果的なグループワークの方法を考えてください。

1. グループ分けと自己紹介
グループのメンバーは固定しても毎回変わってもよい。自己紹介はグループ活動のよいきっかけになる。

2. 役割分担
「司会」「書記」など。ただし任せっきりにせず、互いにフォローを。

> 意見交換のために1人で考える時間も大切に。

3. 意見交換と集約
1人で考えた意見をよりよくするために議論し、その結果が反映されるよう、全員が参加意識をもって協力する。プレゼンテーションのための準備もする。

4. プレゼンテーション
次ページの「プレゼンテーションの例と注意点」を参照する。

> 終了したら、課題やグループでの活動を振り返る。

プレゼンテーションの例と注意点

　ここではプレゼンテーションの一般的な例を紹介します。グループワークと同じように、プレゼンテーションにもさまざまなスタイルがあります。いろいろな工夫を盛り込んで、個性的なプレゼンテーションができるように改善していってください。

1. 名前、あいさつ、アウトライン
名前を名乗り、「よろしくお願いします」などのあいさつをする。何を発表するか簡単に予告する。

2. 課題の前提の説明
発表する課題の背景や状況を説明する。聞いている人に課題の前提となる知識を共有してもらう。

3. 提案とその意図の説明
検討の結果である提案を具体的に示し、提案の意図を説明する。聞いている人に納得してもらう。

4. 質疑応答とお礼
説明が終わったら、質問やコメントをもらう。どのような質問に対しても誠実に対応する。最後はお礼の言葉で終わる。

［プレゼンテーションのポイント］
  ○ 声の大きさ、話し方の速さ
  ○ 聞きやすさ
  ○ 姿勢、体の動き
  ○ 視線の動き、アイコンタクト
  ○ 礼儀正しさ
  ○ 内容の論理性、一貫性
  ○ 質疑応答の適切さ

プレゼンテーションについては、詳しくは20課でとりあげています。

● 社会人を対象としたアンケート

　2013年に、社会人が新卒の学生に求める文章表現力とは何かを明らかにするために、一般企業に勤める会社員、公務員など597人の社会人を対象にアンケート調査を実施しました。詳細な結果は野田ほか(2014)に掲載されています。一般社員から代表取締役まで、また勤務年数1年未満の人から30年以上までの人を含む、さまざまな立場の社会人の回答を得ています。

　各ステージに関連するアンケート結果を、表1～5としてテキスト中に掲載しています。また、自由記述で寄せられた社会人のコメントを、以下のような囲みの形でテキストの随所に掲載しています。なお、コメントは、読みやすさのために表現を改めているところがあります。

> プレゼンなどで短くわかりやすい説明をできることが求められてくる。それらは仕事を通じて学ぶこともできなくはないが、やはり学生時代のうちに練習しておきたかった。
>
> サービス業、25～30歳、女性

第1部

- ステージ1
  情報発信力アップ

- ステージ2
  コミュニケーション力アップ

- ステージ3
  アピール力アップ

1課 イントロダクション

> **この課の目標**
> 現在の自分の文章表現力と、これから身につける必要のある文章表現力を認識する。自己紹介を通して具体的に表現する方法を学ぶ。

> **課題1** 現在の文章表現力を知る
> 今書けるもっともよい文章を書いてください(300～400字程度)。
> 〈テーマ例〉
> 「大学生にとってアルバイトは重要か」
> 「大学生が文章の書き方を学ぶことの意味」

> **課題2** 今までの学びを振り返る
> 高校までの授業などで書いてきた文章は、どのようなものだったでしょうか。文章の種類や文章表現の授業の内容について、グループ全員で意見を出し合ってみましょう。あとで発表できるようにメモをとるなどしてください。

> **課題3** 社会人として求められる文章とは
> 社会人として求められる文章とはどのようなものでしょうか。右の資料を参考に、これから身につける必要のある文章表現力を考えてください。

社会人対象のアンケート調査結果

表1　仕事で実際に作成する文章

順位	内容
1	ミーティング資料
2	プレゼンテーション資料(スライドなど)
3	プレゼンテーション資料(紙媒体)
4	業務日報(11ページ参照)
5	企画書
6	研修での意見・感想文

表2　社会人として必要とされる文章

順位	内容
1	簡潔で読みやすい文章
2	論理的でわかりやすい文章
3	情報を正確に伝える文章
4	説得力・訴求力のある文章
5	適切な語彙・表現を用いた文章
6	情報が分類・整理された文章
7	形式(段落や文体)の整った文章
8	情報(資料・データ)の豊富な文章

課題4 上田くんは1回目の授業で、クラス全員に向けて次のような自己紹介をしました。よくない点を考えてください。

> 兵庫学院大学法学部1年の上田太一です。出身は兵庫県です。スポーツが好きです。子どものころは野球をやってましたが、今はやってません。すごい人見知りなので、すぐには仲良くなれないかもしれませんが、よろしくお願いします。

　自己紹介をするときは、まず、その場にどのような人が集まっているかを考え、次に、その人たちに自分のことを知ってもらうためには、自分の何をどのように話すとよいかを考えます。

課題5 自己紹介に具体的な情報が入っている場合とそうでない場合とでは、聞き手がその人に対して抱くイメージはどのように異なるでしょう。次のaとbを比較して、それぞれの文から受けるイメージの違いを考えてください。

a 高校のときは部活でいろいろあったけど、がんばったので、試合でも勝てました。

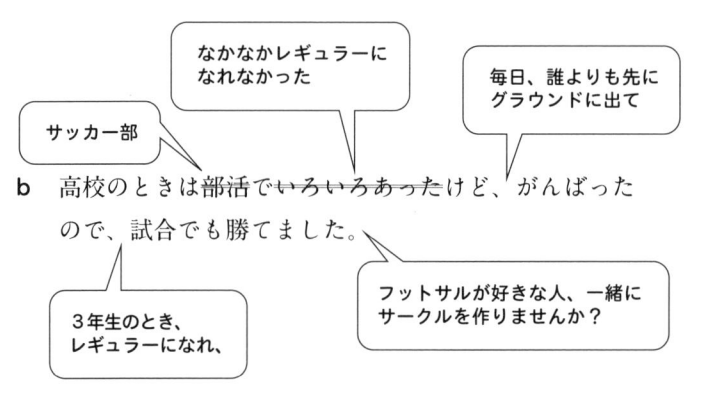

b 高校のときは部活でいろいろあったけど、がんばったので、試合でも勝てました。

[自己紹介のポイント]
1．自分のことをネガティブにとらえず、ネガティブな言い方もしない。
2．過去にしたことばかりでなく、現在していることを盛りこむ。
3．「いろいろ」「さまざま」「たくさん」などの抽象的な表現では伝わらないので、具体的に表現する。
4．「積極的」「ねばり強い」などは、人によって受けとり方が異なる。どのように積極的か、なぜねばり強いと言えるのかを述べるとよい。

[自己紹介に加えるとよい要素]
1．具体的なエピソード
　　〈例〉体を動かすのが好きで、小中高とテニス部に所属していました。
　　〈例〉あがり症なので、克服しようと思って、2年前から劇団に所属しています。春休みには舞台にも立ちました。
2．聞き手へのメッセージ
　　〈例〉ガッツ球団の大ファンです。ガッツ球団が好きな人は一緒に応援に行きませんか。
　　〈例〉バンドでギターをやっています。今度ライブをやるので、聴きに来てください。

参考　自己紹介のための自己分析

問題1　自分の長所と短所を5つずつ書き出してください。

　長所と短所のどちらが考えやすかったでしょうか。自分の長所を考えるのは苦手という人もいるかもしれません。しかし、たとえば「おせっかい」と「気が利く」とでは、聞いた印象は異なります。つまり、短所は長所にもなるのです。表現によって、聞く人の印象は左右されるといえるでしょう。

問題2　これまでに好きだったこと、夢中になったことは何ですか。それらにまつわるエピソードも思い出してください。小学生、中学生、高校生、現在のそれぞれの時期に分けて書いてください。

問題3　あなたは何をしているときが一番楽しいと感じますか。また、得意なことはどのようなことですか。

　問題2と問題3で考えた、夢中になったこと、得意なことから見えてくる自分の性格はどのようなものでしょう。また、その性格は、問題1で書き出した長所や短所と関連があるかも考えてください。

問題4　あなたは、初めて会った人に、自分をどのようにとらえてもらいたいですか。その相手には、この授業でこれから一緒に学んでいく人たちを想定してください。

問題5　問題4で考えたとおりに自分を理解してもらうためには、自己紹介に自分のどのような要素を取り入れるとよいかを考えてください。

問題6　ここまでの問題をふまえ、1分程度の自己紹介をするための原稿を書いてください。

自己紹介は、自分の思い描く自分の姿を周りの人たちに知ってもらうためにおこなうものです。自己紹介をする前に、まず、自分が自分のことを知らなければなりません。次に、それをどのように表現するかを考えていきます。自分自身を見つめ直し、これからの活動を考える機会にもなることから、学生生活のスタートの時期にふさわしいものといえるでしょう。

> 文章は、表現・コミュニケーションの手段として非常に重要である。プライベートのみならずビジネスでも大きな差がつく。人として生きていくうえでも文章スキルに長けていることは大きな武器になるくらい重要である。

卸売・小売業、35〜39歳、男性

> 学生時代に、多様なジャンルや多量の本を読み、学んだことを実践する経験をもっと積んでおけばよかった。

サービス業、25〜29歳、男性

表3　勤務年数3年以内の社会人が仕事で頻繁に書く文章

順位	内容
1	業務日報
2	ミーティング資料
3	研修での意見・感想文
4	プレゼンテーション資料（スライドなど）
5	プレゼンテーション資料（紙媒体）

ステージ1
情報発信力アップ

　人に読んでもらう文章を書くということは、情報を発信することです。情報を整理したり取捨選択したりして読み手に情報を正確に伝える「情報発信力」を向上させます。

2課 表現の基礎(1)
―表記と言葉づかい―

> **この課の目標**
> 文章の基礎として、適切な表記や言葉づかいで書くことも大切である。表記と言葉づかいの基本を知り、印象のよい文章を書く姿勢を身につける。

課題1 次のa～dのような字を見るとどのような印象をもつか、話し合ってください。

a 私の長所は気を使いすぎるところです。

b 私の長所は 積極的なところです。

c 心より感謝いたしております

d 個性がない人間が多すぎる

　パソコンなどの普及により手書きをすることは少なくなりましたが、今でも手書きで読みやすく書くべき機会はあります。右のページにあるのは会社の業務日報(仕事内容などを報告する書類)の例ですが、手書きのことも多いようです。
　手書きのときに次のような書き方をすると、読み手に不快感や悪い印象を与えてしまいます。

2課　表現の基礎(1)　　11

■ 読み手に不快感や悪い印象を与える書き方 ■

1. 間違った字を、消しゴムなどを使わずに斜線などで隠している。
2. 字が大きすぎる、小さすぎる、大きさが不ぞろいである。
3. 字が薄すぎる。
4. 句点(。)や読点(、)の書き方が雑で、区別がつかない。あるいは、読点を使わずに、スペースを空けることで区切りを示している。
5. そのほか、明らかに丁寧さに欠ける、字形が崩れていて判別できない、消し跡やしわなどで紙面が極端に汚いなど。

〈企業で使われる業務日報の例〉

201*年 4月 20日

業　務　日　報

	主任印	部長印

担当者名　石田 里保

件　名	内　容
インクカートリッジの納品の件	宮崎様ほか25件の納品の確認をとりました。福田様ほか12件の発注対応し、手配完了しました。
ステープラー針の発注の件	井上様ほか7件の発注対応し、手配完了しました。
倉庫の備品の整理及び発注の件	A-3区画の備品の配置換えをしました。530PJ2のトナー(ブラック)55ケース予備発注かけました。

(中略)

成果・反省	コメント

上司のコメントや評価が入ります

> **課題2** 次のa～dの下線部のような文字の使い方を見ると、どのような印象をもつか、話し合ってください。
> a　大学を卒業するまでに車の<u>めんきょ</u>を取りたい。
> b　<u>しょう学金</u>の面接で、<u>きんちょう</u>した。
> c　先生が<u>推せん</u>してくれた会社に<u>しゅう職</u>するつもりです。
> d　部活動と勉強を両立させるために、<u>思考さくご</u>しています。

「一般の社会生活において現代の国語を書き表すための漢字使用の目安」を常用漢字といい、現在は、2010年に告示された改訂常用漢字表（2136字／4388音訓）が使われています。今日（きょう）、明日（あす）のような熟語の読み方を示す「付表」もあります。

常用漢字には、「鬱（うつ）」のように難しい漢字も含まれていますが、日本漢字能力検定の準2級（高校在学程度）の対象漢字は1940字、3級（中学校卒業程度）で1607字となっていますから、8割以上の常用漢字は読み書きできたほうがよいでしょう。　　　　　　　　　　　　　　（⇒付録「練習問題1」）

特に、熟語や熟語の一部を平仮名で書くと、幼く知的でない印象を与えがちです。たとえば、「（仕事に）就く」は「つく」でも不自然ではありませんが、「しゅう職」は、大人の使う表記としては不自然です。

ただし、常用漢字で書ける場合でも、次のような場合は仮名で書くことが推奨されています。（以下、「公用文における漢字使用等について」（平成22年内閣訓令第1号）より抜粋。）

> ・次のような接尾語は、原則として、仮名で書く。
> 　　　げ（惜し<u>げ</u>もなく）　ども（私<u>ども</u>）　み（弱<u>み</u>）　め（少な<u>め</u>）
> ・次のような接続詞は、原則として、仮名で書く。
> 　　　かつ　したがって　ただし　ところが　ゆえに
> ・助動詞及び助詞は、仮名で書く。
> 　　　<u>ようだ</u>（それ以外に方法がない<u>ようだ</u>。）　<u>ぐらい</u>（二十歳<u>ぐらい</u>の人）

> ・次のような語句を、（　）の中に示した例のように用いるときは、
>   原則として、仮名で書く。
>   こと（許可しない<u>こと</u>がある。）　できる（だれでも利用が<u>できる</u>。）
>   とおり（次の<u>とおり</u>である。）　なる（合計すると1万円に<u>なる</u>。）
>   ・・・てください（問題点を話し<u>てください</u>。）
>   ・・・について（これ<u>について</u>考慮する。）

　基本的には、漢字の元の意味があまり残っていない場合に仮名で書くことが推奨されています。たとえば、「少なめ」の「め」には「目」の意味は残っていないといったことです。
　実際には、「集まる事になった」のような表記もしばしば見られますが、レポートなどでは上記のような推奨されている表記にしたがうとよいでしょう。
　次に、言葉づかいについて考えます。

> **課題3**　次のa〜eの文には話し言葉のような語や表現が含まれています。a・bは、奨学金の自己推薦文、cは授業で提出するコメントカード、d・eはレポートの文です。かたい文章にふさわしくない語や表現はどれか、どう表現すればよいか、話し合ってください。
> a　英語は単語が覚えれなくて苦手だったけど、めっちゃがんばって、高校の最後の期末テストでは、クラスでナンバーワンになりました。
> b　部活でしんどくても、授業にも普通に出て、奨学生として恥ずかしくない学生生活を送ろうというふうに思ってます。
> c　今日の授業で出てきた神社の祭は、自分的には実際に見てないのでいまいちピンと来なかったが、伝統的な文化もステキだと思った。
> d　このレポートでは、お店の人がお客さんに対してどうゆうふうに敬語を使っているかを調べる。
> e　いつだってネットで動画とかが見れる時代だから、テレビを見る人が減ってるのは当たり前だ。

「～することができる」という意味で、「起きられる」「食べられる」ではなく「起きれる」「食べれる」のようにいう、いわゆる「ら抜き言葉」は、現在では使う人がかなり多くなってはいるのですが、まだ、書き言葉として正しい表現だとはいえません。かたい文章では使わないのが無難です。

話し言葉のような語や表現　　　　　　　　（⇒付録「練習問題2」）

1．ら抜き言葉
2．外来語の使いすぎや目立たせるための片仮名表記(「キレイ」など)
3．縮約形(「来てる(←ている)」「見ちゃ(←ては)いけない」など)
4．擬音語・擬態語(「ザーザー」「ぐちゃぐちゃ」など)
5．若者言葉や略語など、くだけた語(「ビミョー」「断トツ」など)
6．方言(「ごっつい」「ちがかった」など)

若者言葉、略語、方言などのなかには、「バイト」(＝アルバイト)のように、あまりに身近で、話し言葉的であることを意識していないものがあるかもしれません。かたい文章には使わないよう、意識しましょう。

課題4　次のaの文章とbの文章では、形のうえでどのような違いがあるか、話し合ってください。

a　ありがとう！育英ナイン

夏の甲子園決勝戦、よく頑張った仙台育英学園野球部のみんな☆

希望と感動をありがとうございました(^○^)

東北の高校野球は、いつでも優勝を狙えるレベルだって教えてくれました。また、すぐに全国制覇に挑戦して下さい！

仙台育英野球部の皆は、おもいっきり胸を張って仙台に戻って下

さい (^○^)

あの仙台育英に勝った東海大相模は、やはり強かったですね！
『あっぱれ！』を差し上げましょう (^○^)
おめでとうございます☆

(サンドウィッチマン伊達みきおオフィシャルブログ
2015年8月20日より)

b （第97回全国高校野球選手権大会の記事）

　第14日の20日、兵庫県西宮市の阪神甲子園球場で決勝が行われ、東海大相模（神奈川）が10―6で仙台育英（宮城）を破り、第52回大会（1970年）以来45年ぶり2度目の全国制覇を果たした。東北勢初の全国制覇を目指した仙台育英はあと一歩届かなかった。
　東海大相模は、5年ぶりの決勝進出で深紅の大優勝旗を手にした。神奈川勢の優勝は80回大会（98年）の横浜以来、7度目。（以下略）
（朝日新聞2015年8月21日1面、朝日新聞大阪本社14版）

　個人のブログのようにくだけた文章と、報道文のようにかたい文章とでは、書き方がかなり違います。かたい文章では、次の4点は、原稿用紙に手書きするときと同じです。縦書きでも横書きでも同じです。

かたい文章の表記の基本―ブログやメールなどとの違い―

1．意味のまとまりで段落を分ける。
2．段落は空白行で示すのではなく、段落の始まりを1字分空けて示す。
3．段落を改めるとき以外は、途中で改行しない。
4．顔文字や「！」「☆」のような記号は使わない。

さらに、大学の授業や試験で必要となる文章の書き方の基本についても、考えておきましょう。

> **課題5** 阿部さんは大学で「経済学の基礎」という授業を受けています。毎回、出席カードが配られ、講義を受けて考えたことを書くことになっています。阿部さんは次のように書いて出しました。真面目に書いたのですが、先生から、「お礼はいいから、ちゃんと書いてね。」と言われてしまいました。なぜ注意されたのか、話し合ってください。
>
> ```
> 需要曲線について知らなかったので
> 今日の授業で知れて、とても勉強になりました。
> どうもありがとうございました！
> ```

課題を与えられたときは、まず、何が要求されているかを正確に把握することが大切です。また、カードや答案用紙は、たいてい課題に適したサイズで準備されていますので、8割程度は埋めるようにしましょう。

> **振り返り**
> この課で学んだこと、新たに気づいたことを2つ以上の段落に分けて、まとめてください。その際、丁寧な文字、適切な表記、かたい文章にふさわしい言葉づかいで書いてください。

関連するサイト
文化庁ホームーページ（http://www.bunka.go.jp）内「国語施策」
（情報取得日 2015年9月15日）

手書きの文章が必要な時には、丁寧な文字、読みやすい文字を書くことは最低条件です。

公務員、55〜59歳、男性

学生時代に覚えた漢字があいまいだと、作成した文章に変換ミスが多くなってしまうので、学生時代に語句を確実に覚えていたほうがいいと思います。

飲食店・宿泊業、20〜24歳、男性

新卒者の文章は、パソコンの活用で、脱字や当て字のミスが多くなっています。

公務員、55〜59歳、男性

新入社員等の文章で感じることは、話し言葉と書き言葉が混乱しているということです。日常の話し言葉をそのまま文章に使っています。具体的な取り組みが必要だと思いますし、読書は有効だと思います。

複合サービス業、30〜34歳、男性

3課 情報を整理して示す
—メモやメニュー—

> **この課の目標**
> メモや飲食店のメニューを題材に、たくさんの情報を整理し、見やすく示す方法を学ぶ。

何かをメモしたものや飲食店のメニューなどが見にくい、わかりにくいと思ったことはないでしょうか。情報は、整理の仕方で見やすさやわかりやすさが違ってきます。

> **課題1　情報を整理して示す**
> 次の買い物メモを「整理して見やすく示す」としたら、どのようにすればよいでしょうか。

> 牛乳　つまようじ　牛肉薄切り300g　しょうが　ゴミ袋　砂糖
> にんじん　お茶(ペットボトル)　卵　アルミホイル　82円切手

> **課題2　情報を整理して示す方法を考える**
> 飲食店のメニューは、その店の商品名、価格などの情報が、見る人が選びやすいように整理して示されたものです。
> 課題1もふまえ、右のメニューを見て、情報を整理して見やすく示すための工夫をいくつかあげてください。また、右のメニューで、情報の示しやすさについてさらに改善したほうがよい点があれば指摘してください。

〈メニューの例〉

MENU

■COFFEE コーヒー

オリジナルブレンドコーヒー	HOT/ICE	¥350
アメリカンコーヒー	HOT/ICE	¥350
エスプレッソ		¥400
カフェラテ	HOT/ICE	¥400
カフェモカ	HOT/ICE	¥450
ハニーミルクラテ	HOT/ICE	¥400

■OTHERS ほかのお飲物

紅茶	HOT/ICE	¥350
ロイヤルミルクティー	HOT/ICE	¥450
オレンジジュース		¥450
ジンジャーエール		¥450

■FOODS 軽食

トースト	¥200
ピザトースト	¥400
ホットドック	¥250
ミックスサンドイッチ	¥550

 手作りケーキ&ドリンクセット ¥650

　　　チーズケーキ　　チョコレートケーキ
　　　パンプキンプリン　ストロベリータルト

…ドリンク…

ブレンドコーヒー HOT/ICE　紅茶 HOT/ICE

CAFÉ MOCHA

> **課題3** 洋食屋のメニューを改善する
>
> 　洋食屋「みょうじょう」では、次のようなメニューを使っています。注文を受けるとき、お客さんから料理などについていろいろなことを確認されてしまいます。
>
> ```
>                                       R       L
> オムライス
> (ケチャップ/デミグラスソース/クリームソース)  600＋税  680＋税
> ビーフシチュー
> (グリーンサラダ・パン/ミニデザート付)         900＋税  980＋税
> ビーフカレーライス
> (本日のサラダ・スープ/ミニデザート付)         680＋税  740＋税
> ハヤシライス
> (本日のサラダ・スープ/ミニデザート付)         620＋税  700＋税
> ハンバーグ定食　750＋税
> チキンカツレツ定食　700＋税
> エビフライ定食　820＋税
> 日替わり定食　650＋税
> コーヒー　300＋税
> オレンジジュース　350＋税
> クリームソーダ　400＋税
> ```

問題1　このメニューの情報を分類し見出しをつけるとしたら、どのようにすればよいでしょうか。また、ほかにも改善したほうがよいところがあれば指摘してください。

問題2　このメニューをお客さんが使いやすいように作り直してください。

課題4　カレー屋のメニューを改善する

　カレーライス店「チキチキ」では、次のようなメニューを使っています。トッピングなどのサービスにも力を入れていますが、ときどきお客さんから「どんなサービスがあるかわかりにくくて注文しにくい」と言われます。

☆オリジナルカレー（チキン／ビーフ）450円/480円
☆野菜カレー（チキン／ビーフ）　500円/530円
☆コロッケカレー（チキン／ビーフ）　620円/650円
☆カツカレー　（チキン／ビーフ）　580円/610円
☆シーフードカレー　600円
☆カレーセット（チキン／ビーフ）　750円/800円
☆カレーランチ　650円
☆グリーンサラダ　250円　☆季節のサラダ　300円
☆コロッケ1個　100円　☆フライドポテト　250円
☆コーヒー　HOT/ICE 各200円
☆オレンジジュース／サイダー　各200円
＋ゆでたまご100円　＋ウィンナー100円　＋チーズ100円
ご飯少なめ－30円　ご飯大盛り＋50円　ルー増量（1.5倍）＋100円
フリードリンク　300円

（すべて税込み価格）

問題1　このメニューの情報を分類し見出しをつけるとしたら、どのようにすればよいでしょうか。また、ほかにも改善したほうがよいところがあれば指摘してください。

問題2　このメニューをお客さんが使いやすいように作り直してください。

課題5　掃除の仕方を説明する

森くんは小さな塾でアルバイトをしています。講師の仕事のほかに、朝の掃除も担当しています。新しく入ってきた人にも掃除を担当してもらうために、「掃除の仕方」の説明書きを作ることにしました。以下は、思いつくままにメモした下書きです。

```
入口周り-はき掃除    事務所-掃除機    教室-掃除機
教室の机、ゴミ払ってぞうきんがけ
事務所の机、ぞうきんがけ（備品を動かさない）
教室ホワイトボードふく（洗剤は使わない）
        ホワイトボード粉受けふく
  ろうかの本棚、本の上のほこり
  事務所の電話のほこり
  入口の消火器、下駄箱、花びんのほこり
窓ガラス、サンのよごれふく    部屋の隅のほこり（残りやすい）
給湯室、トイレ
```

問題1　このメモを、作業のしやすい、わかりやすい説明書きにするためには、情報をどのように分類すればよいでしょうか。

問題2　このメモを、説明書きとして作り直してください。部屋の配置などは自由に考えてかまいません。

課題6　部室棟の改修の要望をまとめる

　高田さんは大学で体育会本部に所属しています。体育会系の部室のある建物が古くなり、改修することになりました。部室を使っている学生の意見も改修工事に反映させてもらえることになったので、各部の部員に聞くと、以下のような要望が集まりました。

> トイレが古いので、きれいにしてほしい
> 窓ガラスが割れて大きな穴があり、その気になったら外から鍵が開けられる
> 室内の壁にひびがはいっている
> ロッカーが古いから変えてほしい
> 部室のドアの鍵が壊れかけていて、ときどき鍵が抜けなくなる
> 建物裏の植え込みが雑草だらけになっている
> トイレの鏡が割れているから大きいものにしてほしい
> 室内にもう1つベンチがほしい
> ミーティングで使えるようにホワイトボードがほしい
> 部室のドアが開け閉めしにくい
> トイレの手洗い場で水がもれている
> 建物周辺が暗くて、夜の練習後は歩くのが怖い

問題1　学生の意見をなるべくわかりやすく大学に示すには、このメモの内容をどのように分類し、どのような順序に並べればよいでしょうか。

問題2　このメモを、要望書に添えるためのリストとして書き直してください。

> **課題 7**
>
> 　実際の飲食店のメニューを見て、情報の示し方としてどのような工夫がされているか、問題点はないか、観察し、分析してみてください。

> **振り返り**
>
> 　この課で学んだこと、新たに気づいたこと、今後にいかせそうなことなどをまとめて文章にしてください。具体的に何に取り組んだかを記録するつもりで書いてください。
>
> 　情報を整理して示すことは、レポートや論文を書く際のデータの示し方にもいかせます。さまざまな場面で情報を分類し、整理することを意識しましょう。

関連する文献

里舘由美子(2000)『メニューデザイン―にぎわうお店はメニューが違う―』マール社

日経レストラン編(2014)『おいしい店はメニューブックがうまい』日経BP社

> 相手のニーズや状況・目的にあわせて情報量や情報の深さを調整して書く練習を、学生時代にもっとできればよかった。
>
> 卸売・小売業、25〜29歳、男性

> 相手が必要としている情報を相手に伝わる語彙を用いて表現すれば、わかりやすい文章になるのではないかと思います。そのためには想像力や情報を整理する力も必要になってくるのではないでしょうか。
>
> 複合サービス業、20〜24歳、男性

> 社会人が文章を書くときに大切なのは、文章を読む立場になって書き、書き終わった文章を確認することだと思います。
>
> 公務員、55〜59歳、男性

> 文章表現だけの問題ではなく、相手の立場にたって深く考え、行動し、反省し、改善するというサイクルを早く回しながら、コミュニケーションの仕方を学ぶ必要があると強く思います。
>
> 複合サービス業、35〜39歳、男性

4課 情報を確実に伝える
―注意書き―

> **この課の目標**
> 注意書きを題材に、重要な情報を確実に伝えるための効果的な方法を身につける。

重要な情報を確実に伝えるために、情報の優先順位を考えたうえで、表現や伝え方を工夫しましょう。

課題1　情報を効果的に示す

次のaとbの2つの注意書きは、家庭用電化製品によく見られるものです。

a

ご使用になる際、以下の点をお守りください。目的以外に使用すると、思わぬ事故を招く可能性がありますのでおやめください。また、一部のメーカーの機器に対応しておりませんのでご了承ください。水にぬらしたまま放置されますと、機能が損なわれる可能性がありますのでおやめください。不具合などお問い合わせは、以下のホームページより問い合わせフォームをお使いください。

　　　　ホームページ：http://www.xxx/y

b

⚠ ＜ご使用になる前に＞
・目的以外に使用しないでください。
・一部のメーカーには対応していません。
・水にぬらしたまま放置しないでください。

お問い合わせ　http://www.xxx/y

問題1　aとbを比べて、印象がどのように違うか、また、それはなぜかを話し合ってください。

問題2　bでは、人の注意をひきつけたり、理解や記憶を促したりするために、どのような工夫がされているでしょうか。

課題2　図書館の休憩室の注意書き

桜木大学の図書館内の休憩室では、一部の学生が騒ぎ、近くの机で勉強する人の迷惑になっています。次のような注意書きがドアの外側に貼ってありますが、効果がありません。

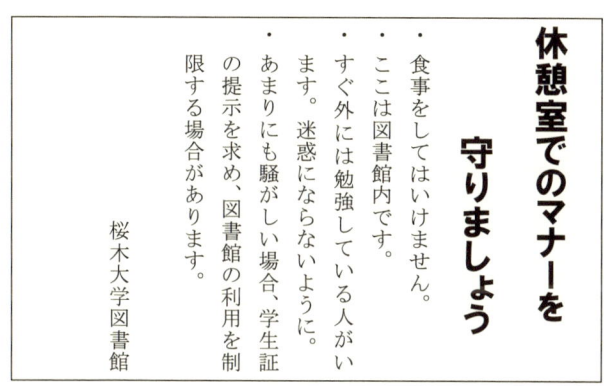

休憩室でのマナーを守りましょう

・食事をしてはいけません。
・ここは図書館内です。
・すぐ外には勉強している人がいます。迷惑にならないように。
・あまりにも騒がしい場合、学生証の提示を求め、図書館の利用を制限する場合があります。

桜木大学図書館

問題1　この注意書きはなぜ効果がないのでしょうか。

問題2　休憩室で騒ぐのをやめさせるには、まず何を伝える必要があるでしょうか。また、表現や見た目をどのように工夫すればよいでしょうか。

問題3　休憩室に入る人に伝えるべきことが確実に伝わるように、この注意書きを作り直してください。休憩室周辺は右のようになっています。

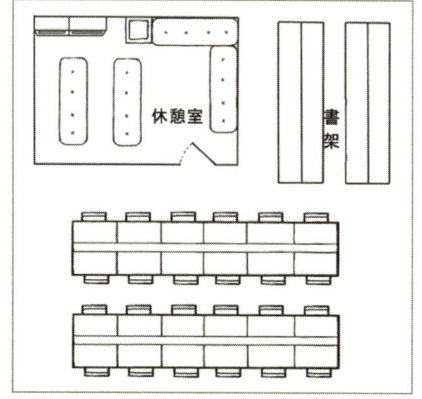

課題3　マンションの駐輪場に置く注意書き

　緑山駅の近くにあるグリーンマンションでは、駐輪場が駅の利用者に勝手に使われ、住人から苦情が出ています。次のような注意書きが駐輪場に貼ってありますが、効果がありません。

駅利用者の皆様
　この駐輪場はマンション住人専用です。住人が管理費を出し、管理しています。
　駅の駐輪場は、駅の裏手にあります。無料で使えますので、そちらを使ってください。
　マンションの住人が自転車を出すときなどに出しにくかったり、帰ってきたときに使えなかったり、非常に困っています。
　目に余る場合、警察に通報せざるを得ません。
　どうかよろしくお願いいたします。
　　　　　　　　　　　　　　　　　　　　グリーンマンション管理人

問題1　この注意書きはなぜ効果がないのでしょうか。

問題2　マンションの住人以外の人が駐輪場を使わないようにするためには、まず何を伝える必要があるでしょうか。また、表現や見た目をどのように工夫すればよいでしょうか。

問題3　駅の利用者に伝えるべきことが確実に伝わるように、この注意書きを作り直してください。

■課題4　ライブハウスの注意書き
　ライブハウス「エム」は地下にあります。地上にあるチケット売り場に気づかずに、チケットを持たないまま会場入り口まで行ってしまう人がいます。地下に降りる階段の手前に次のような注意書きがありますが、気づかずに通り過ぎてしまう人が多いようです。

「エム」にご来場の方へ
※地下の会場に入るためには、御一人様一枚の入場チケットが必要です。
※チケット売り場は、入口の左手にあります。
※会場内は自由席です。
※前売り券も入場チケットに交換してください。

　　　　　　　　　　　　　　　　　　　　　　　エム支配人

問題1　この注意書きはなぜ効果がないのでしょうか。

問題2　入場チケットを持っていないお客さんに、チケットが必要だと気づいてもらうために、まず何を伝える必要があるでしょうか。また、それを効果的に伝えるためには、表現や見た目をどのように工夫すればよいでしょうか。

問題3　お客さんに伝えるべきことが確実に伝わるように、この注意書きを作り直してください。「エム」は下の図のようなつくりになっています。

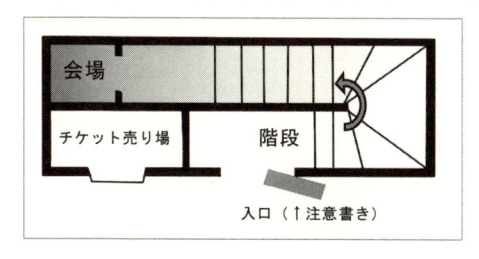

課題5　商店街に設置する注意書き

　高山商店街は大きなアーケード街です。自転車で通行するときは降りて押しながら歩かなければなりません。しかし、自転車に乗ったまま通行する人がおり、子どもやベビーカーに接触する事故が何度か起きています。次のような注意書きの立て看板が通りに立っていますが、あまり効果がありません。

危険！

接触事故が増え、幼い子供たちが怪我をする事態が起きています。その責任をとれますか？この商店街は子どもたちを守りたいと考えています。自転車は降りて通行してください。

高山商店街協会

問題1　この注意書きはなぜ効果がないのでしょうか。

問題2　自転車に乗ったまま通行するのをやめさせるには、まず何を伝える必要があるでしょうか。また、表現や見た目をどのように工夫すればよいでしょうか。簡単な絵などを使ってもかまいません（次ページ「ビジュアル・ランゲージ」参照）。

問題3　自転車で通行する人に伝えるべきことが確実に伝わるように、この注意書きを作り直してください。

課題6

　実際の注意書きには、さまざまな人の注意をひくためにどのような工夫がされているか、また効果的な注意書きとそうではない注意書きの違いは何か、考えてください。

> **振り返り**
>
> 　この課で学んだこと、新たに気づいたこと、今後にいかせそうなことを具体的に書いてください。
>
> 　情報の優先順位を考えて伝えることは、レポートや論文を書く際のタイトルのつけ方やレイアウトの整え方にもいかせます。さまざまな場面で情報の重要度を考えたり、レイアウトを整えたりすることを意識しましょう。

参考　ビジュアル・ランゲージ

　ビジュアル・ランゲージとは、「視覚言語」という意味です。視覚でとらえた情報によって、内容が直感的に把握できるよう工夫された表現です。

　ビジュアル・ランゲージは日常的に使われています。たとえば、天気予報は「太陽」「雲」「傘」のマークで「晴れ」「曇り」「雨」などのメッセージを伝えています。トイレやレストランなどを示す案内板として、「男女の人型」「ナイフとフォーク」などはさまざまな国で使われています。また、人や物の数を比較するときにはグラフが使用されたり、注目させたいことには記号が使用されたりします。

　また、書かれた文字も「目で見る」ものですので、ビジュアル・ランゲージの要素の1つです。文字は種類（漢字、ひらがな、カタカナ、アルファベット）、色や大きさ、フォント（明朝体やゴシック体）、余白や改行で見せ方を工夫することができます。その工夫によって、読みやすさやメッセージの伝わりやすさが変わります。一続きの文章よりも箇条書きで書かれたほうが、同じ内容でも記憶に残りやすいという実験結果も報告されています。

　言葉だけではなくさまざまな表現上の工夫をすることによってメッセージを確実に伝えることが、ビジュアル・ランゲージであるといえます。

関連する文献
比留間太白・山本博樹編（2007）『説明の心理学　説明社会への理論・実践的アプローチ』ナカニシヤ出版

5課 情報を正確に伝える
―連絡・案内のメールなど―

> **この課の目標**
> メール作成などを通して、情報を正確に伝えるために必要な力を養う。メールの基本的な書式やマナーを知り、作成できるようになる。

3課では情報の整理の仕方を、4課では優先順位の高い情報を確実に伝えることを学びました。連絡や案内では、それらをふまえて、必要な情報を過不足なく正確に伝えることが大切です。できあがった文面が、読み手にとってわかりやすい内容になっているかどうかも考えなければなりません。

> **課題1 情報を正しく伝えるには**
> 今まで実際にやりとりしたメールやSNS（ソーシャルネットワーキングサービス）のメッセージなどを思い出して、送ったメッセージ、受けとったメッセージのなかで情報が正しく伝わらなかったものやわかりにくかったものの問題点をあげてください。

[メールの見本]（8課（p.53）も参照）

送信者：原口もえ 宛先：中谷 浩先生 件名：面談について（心理3年 原口もえ）	**前文** 誰にあてたものかを書く（宛名）。 自分が誰かを書く（名乗り）。
中谷 浩先生 心理3年の原口です。 面談の件、ご連絡くださり、ありがとうございます。 では、4月23日（木）13時に伺います。 よろしくお願いいたします。	**本文** 用件を正確かつ簡潔に伝える。
心理学科3年 20032025 原口もえ	**末文** 自分の所属や名前を書く（署名）。

情報を伝える手段として、現在ビジネスの場ではメール（電子メール・Eメールの略）が使われています。メールでは、直接話をするときのような会話のキャッチボールはできません。誤解を招いたり失礼な言い方になったりしないよう、必要な情報を過不足なく書くことを意識しましょう。

> **課題2** 先生に急な予定の変更を連絡するメール
> 　次は、大学1年生の田村広美さんが佐藤祐司先生の大学のパソコンのアドレス宛に送ったメールです。田村さんは先生に奨学金の申請に必要な推薦状をお願いしていましたが、約束の日に先生の部屋に行くことができなくなりました。胃腸炎にかかり、医師から大学に行くのを止められたためです。
>
> 日時：2015/04/15(水)10：53
> 送信者：itsumo2ko2ko@xxx.ne.jp
> 宛先：y-sato@xxx.ac.jp
> 件名：無題
> こんにちは〜。今日11時にしてた約束なんですけど、急に病気になって今も病院です(>＜)今日行くはずだったのに、ホントすみません！

問題1　このメールのよくないところとその理由をあげてください。

問題2　このメールをよりよいものに書き直してください。

[メールのマナー]
　メールは、相手がいつ読むかわからないことや、よく知らない相手と連絡をとる手段にもなることから、次の点に気をつけましょう。
1　件名…内容を表す題を簡潔に書きます。件名がないと、スパムメール（無差別かつ大量の一括送信メール）として扱われることもあります。
2　宛名…メールの相手の名前、敬称(「様、先生」など)を書きます。
3　名乗り…自分の所属や名前を、相手にわかるように書きます。

4 **改行**…内容の区切りごとに、空白行を入れてもよいです。
5 **本文**…受けとる側の立場にたって考えると、情報は多ければ多いほどよいというものでもありません。また、作成したメールは、必ず見直しをし、誤字・脱字・誤記などにも注意する必要があります。

課題3 OBに会の開催を連絡するメール

　大学2年生の中西みどりさんが所属しているテニスサークル「わいわい」は、10年ぶりにサークル交流戦で優勝しました。そこで、OBを交えた祝勝会を、居酒屋の「気楽船」でおこなうことに決まりました。幹事の中西さんは、OBに向けて次のメールを送りました。

日時：2015/04/26(日)20：39
送信者：m-nakanishi352@xxx.ne.jp
宛先：kawayoshi1985@xxx.ne.jp;midori-cafe@xxx.ne.jp;hana8787@xxx.ne.jp…
件名：わいわいのお知らせ
私たち「わいわい」はサークル交流戦にて10年ぶりに優勝しました。つきましては、サークル祝勝会の件の詳細が決まりましたので、ご連絡いたします。来週にするか再来週にするか皆で考えた結果、来週の土曜日の6時からで、予約しました。大和ビル5階です。(元浜駅より徒歩5分)ぜひいらしてください。以上、ご連絡申し上げました。

問題1　このメールを受けとったOBの川元良樹さんは困って、返信をしました。川元さんが困った点と、その理由を考えてください。

問題2　このメールの情報として、足りないもの、余分なものをあげてください。

問題3　問題2をふまえ、このメールをよりよいものに書き直してください。

課題4 部活動やサークルの代表者に会の開催を連絡するメール

明石大学の大学祭実行委員会では、毎年、出店希望の部やサークルに対して説明会をひらいています。山野くんは実行委員会のメンバーとして、部活動やサークルの代表者に向けて次のメールを送りました。

明石大学部活動サークル連盟の皆さま
今年も11月の大学祭の開催に向けて準備が始まりました。
私たち大学祭実行委員会は毎年、学祭前に出店する部やサークルに説明会を開いています。
サークルで店を出したい人は6月18日に一度共通棟のいつも会議で使う講義室に来てください（2階です）。
お昼休みの時間にしますので、各サークルのうち、代表者だけ集まってください。代表者が来られない場合は代わりの人が来てくれればいいです。来る前にメールで連絡もください。
例年申し込まないのに店を出したがるところがあって、大変迷惑しています。これに出席しないと出店できません！気をつけてください！！
　　　大学祭実行委員　山野浩介

問題1 出店を希望していたにもかかわらず、説明会に出席しなかった部やサークルがありました。なぜこのようなことが起きたのか、理由を考えてください。

問題2 説明会当日、いくつかの混乱が起きました。どのような混乱が起きたかを考えながら、このメールのよくないところとその理由をあげてください。

問題3 山野くんのメールを、情報が正しく伝わるように書き直してください。必要な情報は自由に補ってかまいません。

> **課題5** 大学の先生に都合を聞くプリント

　浜辺大学で刊行している雑誌に先生方のインタビューを載せることになりました。大学3年生の中田奈美さんは編集委員の代表として、先生方のレターボックスに次のプリントを入れました。

浜辺大学文芸学部の先生方

　　　　　　　　　　　　　　　　『浜辺のたより』編集委員

　『浜辺のたより』編集委員の中田奈美です。

　次号の『浜辺のたより』では、新入生に向けて先生方のインタビュー記事を載せることになりました。

　そこで、先生方にはインタビューに伺ってもよい日を教えていただきたく、ご連絡いたしました。こちらの勝手ですが、12月8日から12月20日までの間で都合のよい日時をお知らせください。下記のとおり予定しておりますので、どうぞよろしくお願いいたします。

　　　　　　　　　　　記

インタビュー予定場所：各先生方のお部屋
インタビュー予定日時：12月8日(木)～12月20日(火)

　　　　　　　　　　　　　　　　　　　※土日は除く

インタビューを予定している内容は、「先生のご趣味・研究テーマ・新入生に向けての言葉」などです。　　　　　　以上

なお、お返事は再来週の月曜日までにご連絡いただければ幸いです。

問題1　このプリントのどこがわかりやすいか、どのような工夫がされているかを、あげてください。

問題2　このプリントをさらによくするためにできることを、あげてください。

課題6

インフルエンザにかかり、家で1週間安静にするよう、医師から指示されました。そこで、同じアルバイト先の友だちの赤井さんに3日後のアルバイトの交代を頼み、了解を得ました。これらのことをアルバイト先の上司の花村さんに伝えるメールを書いてください。

課題7

自分が所属しているサークルでは、毎年、顧問の先生も招いた新入生歓迎のためのハイキングをおこなっています。サークル顧問の細田幸伸先生には、事前に、連絡係が確認のためメールを出すことにしています。先生宛に、目的地、集合場所、持ち物などの必要な情報を入れた連絡のメールを書いてください。

振り返り

この課で学んだことや、新たに気づいたことを文章にしてください。課題1であげた問題点はどのように解決できるかなど、具体的に考えてください。

社会人として、メールでの文体など、最低限のビジネスマナーは身につけておきたい。

サービス業、20～24歳、女性

受け手を想定した文章を書くことができる新卒者には、早い段階で仕事を任せることができる。

情報通信業、40～44歳、男性

ステージ1 まとめ

> **課題1** 各課の振り返り
> 　2課〜5課での学習を通して、どのような文章表現力が身についたかを振り返りましょう。個人でまとめたあと、グループで確認してください。

2課　表現の基礎(1)—表記と言葉づかい—
3課　情報を整理して示す—メモやメニュー—
4課　情報を確実に伝える—注意書き—
5課　情報を正確に伝える—連絡・案内のメールなど—

> **課題2** グループワークの振り返り(1)
> 　グループワークをおこなうと、さまざまな意見を取り入れて課題に取り組むことができます。よい成果をあげようとするなかでメンバーとよい関係を築いていくこともできます。
> 　グループワークについて、次の点を振り返ってください。個人で考えたあと、グループのメンバーの意見も聞いてください。

・グループワークはどのような手順でおこなってきたか。
・グループワークで積極的に発言することができたか。できなかったとしたら、なぜか。
・グループワークをすることによる、よりよい成果を実感できたか。ほかのメンバーに頼りすぎていなかったか。

ステージ2
コミュニケーション力アップ

　伝わる文章を書くためには、読み手への配慮が大切です。敬語を使いこなしたり、読み手の気持ちを想像しながら行動を促したり、手紙を書いたりできる「コミュニケーション力」を向上させます。

6課 表現の基礎(2)
―読みやすい文を書く―

> **この課の目標**
> 　読みにくい文は読み手に負担をかけてしまう。読みにくくなってしまう理由を知り、読みやすい文を書く姿勢を身につける。

> **課題1**　次のa〜cは、いずれも複数の意味に解釈できてしまいます。どのような意味に解釈できるかを話し合い、それぞれの意味が誤解なく伝わる文に書き直してください。
> a　高校の時の後輩と友達といっしょに、バーベキューをした。
> b　新入生歓迎会は土曜日にやることが決まったらしい。
> c　高校生は大学生のように自由でないと思う。

　あいまいな文を書かないためには、文の構造を意識することが重要です。文の各部分がどのような関係になっているかを意識しましょう。たとえば、次のように矢印やかっこを使って図式化すると、意識しやすくなります。
　伝えたい意味で解釈してもらうためには、読点(、)の適切な使用も大切です。

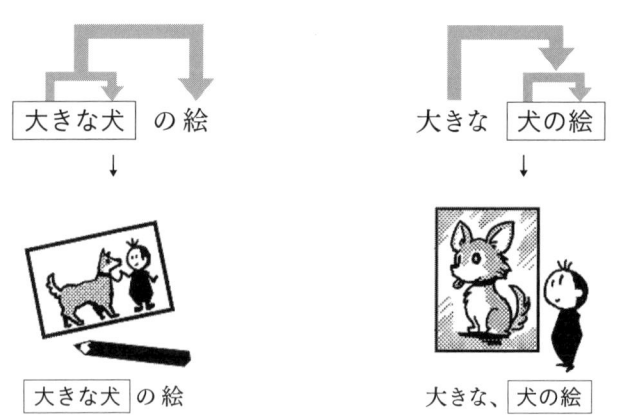

課題2 次のa〜eは、文が整っていないために、わかりにくくなっています。文を整え、伝わりやすい文に書き直してください。

a アイスクリームとラクトアイスの大きな違いは、含まれる乳固形分と乳脂肪分の量が違う。
b このレポートの目的は多くの若者がゲームに熱中する理由を明らかにしたい。
c 留学を決めたのは、韓国語の実力をつけたい。言葉だけではなく韓国の文化も体験しながら学びたいからです。
d 自分もおそらく20年後には責任の重い立場に立っているのだろうか。
e アルバイトでは、開店前の掃除と料理を運んでいます。

呼応の整っていない、いわゆる「ねじれ文」や、並列が整っていない文を書かないためにも、文の構造を意識することが大切です。1文のなかで主語・主題と述語が呼応しているか、並列させたい部分の形がそろっているか、副詞と文末が呼応しているかを確認する習慣をつけましょう。

○ 私の趣味は、周りの人の似顔絵を描くことです。
× 私の趣味は、周りの人の似顔絵を描きます。

○ 兄は、今後も日中関係は重要なので、中国語を勉強すると言った。
× 兄は、今後も日中関係は重要だ。だから中国語を勉強すると言った。
（○兄は、「今後も日中関係は重要だ。だから中国語を勉強する」と言った。）

○ 休みの日には、映画を見たり、買い物をしたりする。
× 休みの日には、映画を見たり、買い物をする。

○ スポーツは、あまり得意ではありません。
× スポーツは、あまり苦手です。

あいまいな文や、構造が整っていない文でなくても、読点の打ち方が適切でないために、文が読みにくくなることがあります。

> **課題3** 次のa〜cは、読点の打ち方が適切でないために読みにくくなっています。どこに打てば読みやすいか、話し合ってください。
> a 少女漫画では普通の女の子が、素敵な男性を好きになる話が多いが少年漫画では普通の男の子が、可愛い女の子を好きになる話が多い。
> b テレビを見たりパソコンの画面を見たりしながら、食事をすると太りやすいと言われている。
> c 将来自分が、何になりたいかは、勉強だけでなく、アルバイトの経験もいかして、いろいろな人の話も、参考にして考えていきたい。

文の構造の大きな区切りで読点を打つようにしましょう。
〈例〉[[早い電車に乗るために早起きした]のに] 電車が事故で遅れた。
　　　　　　　　　　↑　　　　　　　　　　↑
　　　　　　　ここには打たない　　ここに打つ

このほか、平仮名が続いてしまう場合に読点を打つこともあります。
〈例〉 犯人がわからなくなっていくところが、とてもおもしろかった。

> **課題4** 次のa〜eの文には、助詞（「が」「を」「に」など）の使い方に関係する間違いがあります。適切な文に直してください。
> a この授業で、大切な知識を身についた。
> b 自分の間違いを気づいたときには、すぐに謝るようにしています。
> c このレポートでは、人気のあるJポップの曲を、構成について特徴を研究する。
> d 学生スタッフとして活動することを通して、社会にも役に立つことが学ぶことができました。
> e 来月、スポーツフェスティバルが開催する。

日本語の助詞は、文の構造を作るために重要です。動詞によって使うべき助詞が決まっています。
　〈例〉　花が　　　咲く。
　〈例〉　馬が　草を　食べる。
混乱しやすいものとして、次のような使い分けがあります。
　［人］　が　［事物］を　決める　見つける　中止する
　［事物］が　　　　　　　決まる　見つかる　中止される
　［人］　が　［事物］を　見る　（動作の対象は「を」で表すことが多い）
　［人］　が　［事物］に　注目する（一部の動作の対象は「に」で表す）

また、同じ助詞が同じ働きで続くと不自然になりがちです。
　〈例〉　×　英語を　勉強を　する
　　　　　○　英語の勉強をする　／　○　英語を勉強する
　〈例〉　×　英語が　話すことが　できる
　　　　　○　英語ができる　／　○　英語を話すことができる

> **課題5**　次のa～cは、意味がわかりにくい文です。なぜわかりにくいのかを話し合い、伝わりやすい文に書き直してください。
> a　ツイッターは、日本では2006年に開始され、その後2009年ごろから利用者が急増し、事故や災害が起きたときの情報交換に役立つこともあり、日常生活を便利にしているが、一方で、個人情報や人を誹謗中傷する内容が短時間で広まるなど、新たな問題も生じている。
> b　若者は活字離れしていると言われているが実はライトノベルなどをたくさん読む人もいて小説家になりたい人や、編集者になりたい人も多いが編集者の仕事の内容を把握している人は少ない。
> c　難しい資格を何個もとらないといけなく、覚えることが沢山あるけれどやりがいのあるスポーツトレーナーという職業に私はなりたいので、勉強をがんばるつもりだ。

文が長くなると、構造がわかりにくくなる危険性が高まります。自分で文の構造が把握しにくいときは、文を短くしてみてください。

　また、「〜て」や連用形接続（「読み、」「してあり、」など）、前置きの「〜が」は、意味のつながり方があいまいになりやすい表現です。たとえば、次の文では、「一人暮らしの人が増えた」ことが、「コンビニも増えている」との原因なのか、「一人暮らしの人が増えた」ことと「コンビニも増えている」ことが並列の関係なのか、二義的です。

　〈例〉　一人暮らしの人が増え、コンビニも増えている。

　長い文で、かつ、このような接続が多く使われていると、意味がとてもわかりにくい文になってしまいます。

わかりやすい文を書くための注意　　　（⇒付録「練習問題3」）

1．あいまいな文にならないよう、文の構造を意識する。
2．呼応や並列が乱れないよう、文の構造を意識する。
3．文の構造の大きな区切りで読点を打つ。
4．「が」「を」「に」などの助詞を正しく使う。
5．長文を避ける。（50字を超える場合は文の構造を確認する。）
6．「〜て」や連用形接続（「読み、」など）、前置きの「〜が」を使いすぎない。
7．修飾部が長くなりすぎないようにする。

振り返り

　この課で学んだこと、新たに気づいたことを書いてみてください。その際、読みやすい文で書くことを心がけてください。1課の課題1で書いた文章や今までの振り返りで書いた文章が読みやすいかどうか、確認してみるのもいいでしょう。

関連する文献
中村明（2007）『悪文―裏返し文章読本―』（ちくま学芸文庫）筑摩書房

> たくさんの本と自由な時間がある大学時代は、今から思えば読書するのに最適な時間だったと思います。
>
> 不動産業、30〜34歳、男性

> 文章力を身につけるには、いろいろなジャンルの本を読み、常に優れた文章に触れることを心がけることが大切です。
>
> 公務員、55〜59歳、男性

> 本を読んでこなかったことが悔やまれます。また自分よりも経験豊富な人たちと関わる機会を多くもつことで、自然と表現力などが洗練されていくと考えられます。
>
> 教育・学習支援、25〜29歳、女性

コラム　料理と文章

　料理上手になるには、どうすればいいでしょうか。料理の本をたくさん読んでもレシピサイトをたくさん見ても、それだけでは料理上手にはなれません。いろいろな料理を味わい、本当のおいしさを知ったうえで、自分でおいしい料理を作ろうと、何度も試みることが大切です。

　文章を書くこともそれと似ています。まず、いろいろな文章を味わい、伝わりやすい文章や素敵な文章の魅力を知ることです。そのうえで、いい文章を書こうという姿勢で、実際に書く経験を重ねていくことが大切です。

　また、よく知らない食材や調味料を使いこなすことはできないように、よく知らない言葉を使いこなすことはできません。幅広い読書を楽しみながらボキャブラリー（語彙）を増やし、それを自分の文章表現にいかすことができれば、豊かな言語生活をおくることができるでしょう。

7課 相手に合わせて表現する
―敬語―

この課の目標
　敬語の基本的な仕組みを知り、使い方を学ぶ。場面や人に合わせて適切な表現を使えるようになる。

課題1　次のa～cの文は、どのような人と話すときに使いますか。具体的に考えてください。
a　夏休み、どこか行った？
b　夏休みはどこかへ行きましたか？
c　夏休みはどちらかいらっしゃいましたか？

　敬語は、相手との関係や場面によって使い分けられる言葉づかいの1つであり、円滑なコミュニケーションに欠かせないものです。敬語を使うことによって、相手を尊重する気持ちを表し、また相手の社会的な立場を尊重することができます。敬語を適切に使うことは、相手への敬意を示すと同時に、自分自身の社会常識を表すことにもなります。
　一方、敬語の使い方を間違えると、内容が伝わりにくいだけでなく、誤解を招いたり、相手の気分を害したりすることにもなりかねません。また敬語を使いすぎると、相手と距離ができてしまうこともあります。まずは敬語の基本を確認し、適切な場面で使えるようになりましょう。

課題2　高校までの国語の授業などで学んだ敬語は、どのようなものでしたか。また、ふだん敬語を使う場面や、敬語を使おうとして悩む点や困ったできごとなどを話し合ってください。

[敬語の分類]（文化庁文化審議会答申「敬語の指針」参照）

- **尊敬語**…相手側または第三者の行為・ものごと・状態などについて、その人物(主語)を立てて述べるもの。
  〈例〉召し上がる、お使いになる、ご乗車になる
- **謙譲語Ⅰ**…自分側から相手側または第三者に向かう行為・ものごとなどについて、その向かう先の人物(主語以外)を立てて述べるもの。
  〈例〉いただく、お話しする、ご連絡する
- **謙譲語Ⅱ**…自分側の行為・ものごとなどを、話や文章の相手に対して丁重に述べるもの。丁重語とも呼ばれる。
  〈例〉参る、申す
- **丁寧語**…話や文章の相手に対して失礼のないように述べるもの。
  〈例〉～です、～ます
- **美化語**…表現の上品さ、美しさの水準を上げて述べるもの。
  〈例〉お茶、お芝居、ご当地、ご利益(りゃく)

[尊敬語と謙譲語Ⅰの簡単な作り方]

- **尊敬語**：「お(ご)～になる」「～れる・られる」
  〈例〉社長がお出かけになる、お客様がご購入になる、先生が話された
- **謙譲語Ⅰ**：「お(ご)～する」
  〈例〉先生のかばんをお持ちする、皆様をパーティーにご招待する

　すべての語について尊敬語・謙譲語の形をそれぞれ覚えなければならないのだとすると、大変な負担です。しかし、多くの語は上にあげた作り方を知っていれば、敬語の形にすることができます。一部の語は、次のリストのような特別な形を覚えておくと、よりよい表現として使えます。

[特別な形の敬語リスト]

基本の形	尊敬語	謙譲語Ⅰ	謙譲語Ⅱ	丁寧語
言う	おっしゃる	申し上げる	申す	言います
見る	ご覧になる	拝見する	—	見ます
食べる	召し上がる	いただく	—	食べます
行く	いらっしゃる	伺う	参る	行きます
する	なさる	—	いたす	します

[謙譲語Ⅰ・Ⅱの使い方]

〈謙譲語Ⅰの例〉「その件は、以前、山崎先生にも申し上げました。」
〈謙譲語Ⅱの例〉「その件は、以前、山崎先生にも申しました。」

　「申し上げる」「申す」は一見、どちらも「山崎先生」への敬意を表すために使われているように見えます。しかし、波線部の「山崎先生」を「弟」に変えると、2つの例の違いが明らかになります。謙譲語Ⅰを使った「弟にも申し上げました」は、弟に敬意を払った不自然な文となるのに対し、謙譲語Ⅱの「申す」は、その文を話す相手に対して丁重に述べる敬語なので、「弟にも申しました」は適切な文となります。

> **課題3**　次のa〜eの文には、尊敬語や謙譲語が使われています。尊敬語、謙譲語Ⅰ、謙譲語Ⅱのうち、どれがどこに使われているか、またそれぞれの語の基本の形は何かを考えてください。
> a　ご注文を確認いたします。
> b　先生は午後からいらっしゃるそうです。
> c　お探しになっている商品は、こちらですか。
> d　少しお尋ねしたいことがあります。
> e　京都のご出身だと伺いました。

> **課題4** 次のa～eの文には、尊敬語と謙譲語とを混同した、不適切な敬語が使われています。誤りの部分を指摘し、適切な文に書き直してください。
> a　どうぞ遠慮なくお茶をいただいてください。
> b　お客様には私からお聞きになってみます。
> c　先生が海外へ伺うのは来月のいつごろですか。
> d　チケットをお持ちしない方の列は、こちらです。
> e　日時に間違いがないか、ご確認した後、ご連絡ください。

　誤りのなかでも、動作をする人を高める尊敬語を使うべきところに、動作をする人を低める謙譲語を使うと、相手に対して特に失礼な表現となります。

> **課題5** 次のa～gの文中の敬語に誤りがなければ記号に○をつけ、誤りがあればその語を指摘し、適切な文に書き直してください。
> a　御社から、先程、電話をくださいました、遠山です。
> b　今、先生が申されたことに賛成です。
> c　昨日の会には、山田先生もお見えになりました。
> d　先生が待ち合わせの時間にお遅れになったので、駅でお待ちした。
> e　この服を一度お試ししてはいかがでしょうか。
> f　来週、御社の工場を拝見させていただきたいのですが。
> g　当社では、どんな注文でも承ります。（⇒付録「練習問題4」）

[「お(ご)～ください」「お(ご)～いただく」]
　「ご参加してください」のように、謙譲語「ご参加する」と「くださる」（「くれる」の尊敬語）を合わせて尊敬語として使ってしまう誤りもあります。この場合、尊敬語「ご参加になる」に「ください」をつける「ご参加になってください」より、「ご参加ください」という簡略な形が一般的です。同様に、「ご参加になる」と「いただく」を合わせる場合も、「ご参加になっていただく」より、「ご参加いただく」という簡略な形が一般的です。

実際のやりとりの場面では、敬語のように言葉づかいの面での配慮のほかに、さまざまなことに気を配る必要があります。

> **課題6**　次のやりとりは、大学生の田中くんとゼミの先生の、授業前の会話です。先生とこの会話をした後、田中くんは会話を聞いていた友だちに「さっきの会話は先生に失礼だったと思う」と言われました。田中くんの発言のよくないところとその理由を、できるだけ多くあげてください。
>
> 先生：田中くん、先週教えた本はもう読みましたか。
> 田中：えっ、どの本のことですか。あ、すっかり忘れてました。すんません。ぼくって、ほんといつも忘れっぽいんですよねー。
> 先生：では、仕方ありませんね。次回までには借りて読んでおくようにしてください。
> 田中：はーい、了解っす。次は期待しといてくださいよ。マジ、自分本気だしたらすごいんで。てか、先生この後、時間あります？　出席日数のこととか聞きたいんすけど。
> 先生：今日は会議があるので難しいですが、来週なら時間がありますよ。
> 田中：会議すか、先生もいろいろ大変すね。じゃあ来週で。

敬語をどれだけ多く使ったとしても、内容そのものが相手に対して失礼であれば、相手に配慮した表現とはなりません。必要な情報を的確に伝える力と、それに合った表現を身につけましょう。

> **課題7** 次の場面を想像し、自分の役に合わせて、言葉を変えて話してください。
>
> 　大学の講演会の司会を任され、講演の前に講師の略歴を紹介することになりました。司会という立場のため、敬語を使って紹介する必要があります。グループで講演会の講師の紹介内容を決め、紹介する原稿を書いてください。そのあと、皆の前で紹介してください。
>
> 　講演会の内容、講師の略歴は自由に補ってかまいません。
>
> 　〈講師の略歴の一部〉
> 　　7歳でテニスを始める。
> 　　初めてラケットを握ったのは姉の影響。
> 　　小学生の時、実は野球が好きだった。
> 　　11歳の時、日本ジュニアテニス大会にて最年少で優勝。
> 　　高校で現在の岸川コーチに会う。
> 　　昨年の全国テニス・カップ大会で優勝。
> 　　最近は『スポーツ散歩』というテレビ番組にも出演。

> **振り返り**
> 　この課で学んだことや、新たに気づいたことを書いてください。課題2で話し合った点もふまえながら、今後、どのように敬語を使うのがよいかを考えてください。

関連する文献・サイト
菊地康人(1997)『敬語』(講談社学術文庫)講談社
文化庁ホームページ(http://www.bunka.go.jp/)内「敬語の指針(答申)」
　(2007年2月2日)(情報取得日2015年9月22日)

8課 配慮して伝える
―行動を促す文章―

> **この課の目標**
> 依頼のメールや手順の説明など、読んだ人がスムーズに行動できる文章の書き方を学び、必要なときに適切な配慮をする姿勢を身につける。

課題1 先生に連絡をお願いするメッセージ

　森坂大学では各先生の研究室の前にホワイトボードがあります。ある日、青木先生は、自分の研究室の前にあるホワイトボードで次のメッセージを見ました。

> 文学部1年　酒井愛。今度の部活の打ち上げについて先生の都合を聞きたいので、今日休み時間に3回来ましたがいなかったので、連絡お願いします。
> 携帯 080-1234-5*7*　メール madamada3@xxx.ne.jp

問題1　青木先生がホワイトボードを見てどのように思うかも考えて、このメッセージのよくないところを考えてください。

問題2　このホワイトボードは研究室の前を通る人から見えるところにあります。そのことを考慮して、このメッセージのよくないところを考えてください。

問題3　このメッセージを先生に失礼のないように書き直してください。

課題2 学外の人にインタビューをお願いするメール

　南城大学の西川さんは、ゼミの研究で地域の歴史を調べることになりました。次のメールは、地元の商店街の吉田さんに商店街の歴史を教わろうとインタビューの依頼をしたものです。

送信者：西川真穂 <mahon@xxx.ac.jp>
宛先：吉田勝二　様 <yoshida@xxx.ne.jp>
件名：インタビューのお願い

沢ノ池商店街　広報担当
吉田　勝二　様

南城大学社会学部３年生、近藤ゼミの西川真穂と申します。
近藤先生から吉田様のメールアドレスを教えていただき、ご連絡いたしました。
この度、近藤ゼミの研究の一環で、地域の歴史を調査することになりました。そこで、沢ノ池商店街の歴史についてお聞きしたいと思っています。ご了承いただけましたら、日時と場所について改めてご相談いたします。

お忙しいなか大変申し訳ありませんが、ご検討のうえ、お返事いただけましたら幸いです。

南城大学社会学部　３年生
西川真穂　（mahon@xxx.ac.jp）

問題1　このメールのわかりやすいところや、読み手に配慮されているところをあげてください。

問題2　このメールをさらによくするためにできることを、あげてください。

> **課題3** 交換留学の推薦状をお願いするメール

　東部大学2年生の本田亜美さんは、大学の交換留学制度を使って留学することを希望しています。交換留学生になるためには、学年担任の先生の推薦状が必要です。
　そこで、本田さんは白坂先生に次のメールを送りました。

日時：07/07(火)22:18

送信者：yokoyoko@xxx.ne.jp

宛先：白坂 明 <shirasaka@xxx.ac.jp>

件名：推薦状

白坂先生、こんにちは。突然メールしてすみませんが、私の推薦状を書いて頂きたくてメールしました。先生にお願いしていいかどうかわからなかったんですけど、たしか先生が担任だったと思うので、よろしくお願いします。明日先生のお部屋に行ってもいいでしょうか。

問題1　このメールのよくないところとその理由をあげてください。

問題2　このメールを先生に推薦状をお願いするという目的にふさわしいものに書き直してください。

課題4　備品を借りる手順の説明

　体育学科に所属している安藤さんは、実験で使用するためのサーモグラフィカメラを借りに、大学の学生会館2階の備品貸出受付に行きました。その時の手続きが少し面倒だったので、今後同じことをするゼミの後輩のために、手続きの手順を書いたメモを作りました。

サーモグラフィカメラを借りる手順
当日に2階の貸出カウンターに行きます。その時、係の方に申請書を渡して、名前と借りるものを言います。備品管理室まで係りの人と一緒に行ってもらい、道具をとります。もう一度、カウンターに戻って、貸出リストに名前と返す時間を書きます。返す時間は遅めに書きます。時間までに戻さないと電話がかかってきます。最後に使用許可カードをもらいます。備品を返すときにもそのカードを一緒に持っていきます。電源コードを忘れないように気をつけてください。

注意事項
・1週間前までにカウンターに行き予約しておきましょう
・借りる時には印鑑が必要
・壊さないように
・丁寧に扱う

問題1　安藤さんは、このメモを後輩に見せました。すると、準備と当日の流れがよくわからないと言われました。どうすればわかりやすくなるか考えてください。

問題2　読んだ人が何をすればよいかわかるように、このメモを書き直してください。

課題5　チラシに載っている道案内

　高橋くんは、通っている大学の近くのライブハウス「エム」でアルバイトをしている友だちに、「一度来てよ」とチラシをもらいました。後日、ライブハウスに行こうと思い、もらったチラシを見ると、次のような案内がありました。

> 大学の門を出て左にしばらく行くと、右手に銀行が見えます。
> そこを曲がったら、大きな交差点に出るので、しばらく歩いて、最近できた古着屋さんの角を曲がり、道なりに進んで、映画館の角を右に曲がります。その道の行き止まりのちょっと手前です。

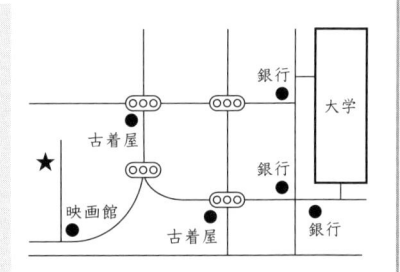

　高橋くんは案内を参考に行ってみましたが、道に迷ってしまいました。

問題1　この道案内のわかりにくいところはどこでしょうか。

問題2　ライブハウスに行く人が困らないように案内の文面を考えてください。実際の街の地図は次のようなものです。

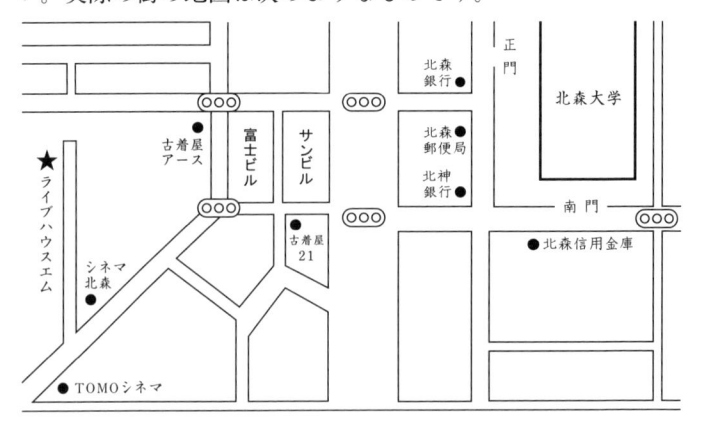

課題6　児童館の図書室に貼る利用案内

　戸田さんは、近所の児童館でボランティアをしています。その児童館の図書室に貼る利用案内を作ることになりました。近くの市立図書館の案内を参考にして、小学生向けに作り直そうと考えています。以下は、市立図書館に貼ってある案内です。

図書館のご利用について
○本の貸出には利用者カードが必要です。カードを発行しますので、備え付けの図書館カード申込書に御記入の上、貸出カウンターにお越し下さい。
○本を借りる際には、利用者カードとお借りになりたい本をカウンターにお持ちください。
○本を返すときは、本だけカウンターにお持ちください。
○本は、1人3冊まで1週間お借りいただけます。
○お読みになりたい本が見あたらない場合には、予約を受け付けます。
○図書館にない本に関しましては、購入または他館から借り受けるなどの方法で、可能な限りご要望にお応えいたします。

本に関するご質問はなんなりと職員にお尋ねくださいませ。

問題1　この案内を、小学校高学年の子どもが理解しやすいようにするためには、どのような点に注意すればよいでしょうか。

問題2　この案内を小学校高学年の子どもがわかるように書き直してください。内容を増やしたり減らしたりしてかまいません。

課題7

　大学の「経済学入門」担当の堂島弘美先生が、授業の最後の回で、「経営者に聞く」というイベントが9月におこなわれることを紹介してくれました。授業のあと、配布された詳細の書いてあるプリントを見ていると、日付と曜日が合わないことに気づきました。9月16日は日曜日ですが、土曜日と記されています。このイベントに参加したいので、堂島先生にイベントの正しい日程を教えてもらうお願いのメールを書いてください。

課題8

　大学の「地域共生学」の授業で発表することになりました。発表で使いたい資料の1つ『沢木町の伝統工芸』は大学の図書館にはなく、県の郷土資料館にあることがわかりました。資料の貸し出しを依頼するには、メールで担当者に連絡する必要があります。資料の貸し出しをお願いするメールを書いてください。

振り返り

　この課で学んだことや、新たに気づいたことを文章にしてください。文章で人に何かを頼むときや手順を説明するときは、内容や表現にどのような配慮が必要でしょうか。

表4　多く使うビジネスメールの種類

順位	内容
1	依頼
2	問い合わせ
3	挨拶・お礼
4	案内
5	お詫び

コラム　傾聴力(けいちょうりょく)

　「傾聴力」とは、人の話に耳を傾けて聴くということを指します。人は話をするとき、相手が自分の気持ちを深く察してくれたり、自分の伝えたいことを正確に理解してくれたりすると嬉しいものです。

　逆に、相手が話しているときに主観を差し挟んで聞くとコミュニケーションの失敗につながるだけでなく、人間関係の悪化を招く場合もあります。たとえば、相手はいい人だとか不快な人だというイメージをもつと、それにしたがって相手の言葉をよくも悪くも歪曲(わいきょく)させて聞いてしまうことがあります。

　「傾聴力」を発揮するには、主観を横において相手の言葉を誠実に聴くことが必要です。特に、異質な人が活発にコミュニケーションをするグローバルな時代には、この「傾聴力」が非常に重要な意味をもちます。「傾聴力」を磨いて、多様な人と心地よいコミュニケーションを楽しみましょう。

9課 丁寧に伝える
―手紙の書き方―

> **この課の目標**
> 手紙の基本的なルールや書式を学ぶ。手紙のマナーを身につけ、就職活動や社会人になったときの必要に備える。

> **課題1** これまでに書いた手紙にはどのようなものがあったかを話し合ってください。

　手紙は、長い歴史のなかで、さまざまな形式でやりとりされてきました。手紙と同じ機能を果たし、手紙より簡単な通信手段（電報やメールなど）も次々に生み出されました。さらに、情報通信技術が進化するにつれ、情報の伝達は、より「早く・安く・簡単に」が求められるようになりました。しかし、今でも、手紙のもつ社会的な信頼性や保管性、プライバシー保護の観点から、重要な文書の送付などに活用されています。また、感謝の気持ちや依頼など、相手に誠意を示したいときにも有効な方法だといえます。

> **課題2** 南城大学社会学部3年生の西川真穂さんは、所属するゼミで地域の歴史を調べることになり、商店街の広報担当である吉田勝二さんに商店街の歴史についてインタビューをしました。西川さんは、ゼミでの報告を無事に終え、吉田さんにお礼の手紙を出すことにしました。次のページの［手紙の構成］を参考に、この手紙に必要な要素を箇条書きにして、手紙の下書きを作成してください。状況などは自由に補ってかまいません。

[手紙の構成]

区分	内容	文例
前文	① 頭語 ② 時候などのあいさつ	① 拝啓　薫風の候、お変わりなくお過ごしのこととお喜び申し上げます。②
主文	③ 本題	③ このたびは、入学のお祝いをお送りくださいまして、誠にありがとうございました。頂戴した万年筆は、早速、大学の授業でメモをとるときに使っています。手にするたびに、大学生になった実感がわいてきます。この気持ちを忘れないように、これからも学業に励んでいきたいと思います。
末文	④ 結びのあいさつ ⑤ 結語	④ 夏休みにまた遊びに行きます。季節の変わりめですので、くれぐれもお体を大切にお過ごしください。 　　　　　　　　　　　　　敬具 ⑤
後付	⑥ 日付 ⑦ 署名 ⑧ 宛名＋敬称	⑥ 平成二十八年五月三日 　　　　　　　　　山下雄大 ⑦ 尾崎好子様 ⑧

①頭語……………………「拝啓」「謹啓」「前略」など。

②時候などのあいさつ…季節に合ったあいさつや、相手を気づかうあいさつを入れる。

③本題……………………内容に即して改行する。敬語に注意する。

④結びのあいさつ………用件だけで終わらせず、結びのあいさつを入れる。

⑤結語……………………「敬具」「謹白」「草々」など。本文の終わりの最も低い位置に記す。頭語との組み合わせに注意する。
　　　　　　　　　　　　拝啓―敬具　　謹啓―謹白　　前略―草々

⑥日付……………………本文より2～3字下げる。

⑦署名……………………低い位置に記す。自分の名前（姓と名）を記す。

⑧宛名＋敬称……………高い位置に記す。相手の名前に敬称をつける。

［手紙を書くときの注意］

1. 下書きをする。下書きはパソコンで作成すると修正しやすい。漢字変換や誤字脱字の確認にも便利である。
2. 一般には縦書きが多い。ビジネスレターは基本的には横書きである。
3. 便箋に書くときはレイアウトが大切である。特に頭語・結語・日付・署名・宛名の位置に注意する。
4. 頭語と同じ行に時候のあいさつを書く場合は、間を1字分空ける。時候のあいさつは次の行から始めてもよい。
5. 本文で相手の名前が行の一番下にこないように工夫する。
6. 本文で「私」が行の一番上にこないようにする。避けられない場合は、本文の文字よりやや小さめに書く。
7. 一般的な手紙は2枚以上の便箋で出すのがマナーとされている。最後の1枚が結語や後付だけにならないようにする。
8. 清書は万年筆を使うのがよいが、書き慣れない場合は書きやすいペンでもよい。シャープペンシルや鉛筆は使わない。

〈例〉

拝啓　薫風の候、お変わりなくお過ごしのこととお喜び申し上げます。
このたびは、入学のお祝いをお送りくださいまして、誠にありがとうございました。頂戴した万年筆は、早速、大学の授業でメモをとるときに使っています。手にするたびに、大学生になった実感がわいてきます。この気持ちを忘れないように、これからも学業に励んでいきたいと思います。

夏休みにまた遊びに行きます。季節の変わりめですので、くれぐれもお体を大切にお過ごしください。

敬具

平成二十八年五月三日

山下雄大

尾崎好子様

〈頭語と結語の組み合わせの例〉

	一般的な場合	丁寧な場合	前文省略の場合	返信
頭語	拝啓・拝呈	謹啓・謹呈	前略・冠省	拝復
結語	敬具・拝具	謹白・敬白	草々・不一	敬具

〈時候のあいさつの例〉

1月	新春の候・厳寒の候		7月	盛夏の候・猛暑の候
2月	梅花の候・向春の候		8月	残暑の候・納涼の候
3月	早春の候・春陽の候		9月	初秋の候・爽秋の候
4月	桜花の候・陽春の候		10月	紅葉の候・仲秋の候
5月	薫風の候・新緑の候		11月	落葉の候・霜秋の候
6月	梅雨の候・麦秋の候		12月	師走の候・極月の候

〈季節のあいさつの例〉

・桜の花びらが風に舞う季節になりました。
・木々の緑もいちだんと色濃くなってまいりました。
・さわやかな秋晴れの日が続いております。
・年の瀬も押し迫ってまいりました。

　緊急を要する事柄やお悔やみなどには、季節のあいさつは必要ありません。ほかにもさまざまなマナーがあるので、手紙の参考書が手元に1冊あると便利です。便箋・封筒・切手も常備しておくとよいでしょう。

課題3 手紙の書式とマナー、敬語に注意して、課題2で作成した手紙の下書きをもとに、清書してください。

●短い手紙やメモ

　手紙のマナーは、さまざまな通信文に応用できます。相手に直接会えないときや贈り物に一言添えたいときなどに、一筆箋・メモ・カードを利用すると便利です。社会人になってからも活用できます。用件を簡潔に伝えるよう心がけましょう。

一筆箋
プレゼントに同封

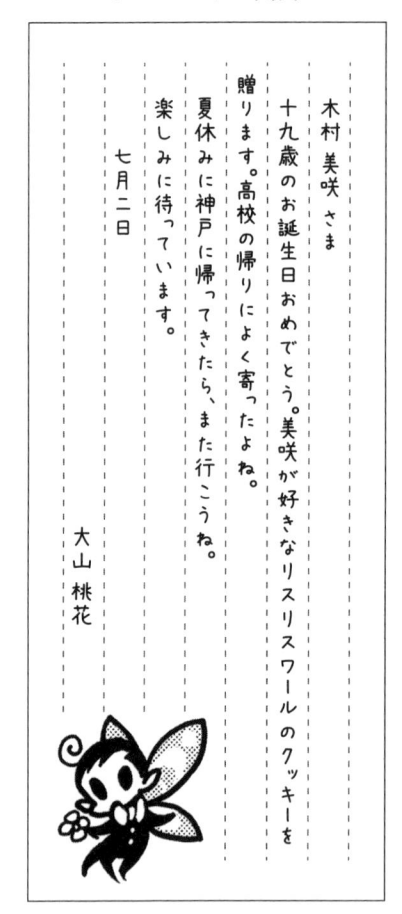

木村　美咲　さま

十九歳のお誕生日おめでとう。美咲が好きなリスリスワールのクッキーを贈ります。高校の帰りによく寄ったよね。
夏休みに神戸に帰ってきたら、また行こうね。
楽しみに待っています。

七月二日

大山　桃花

メモ
職場の事務連絡

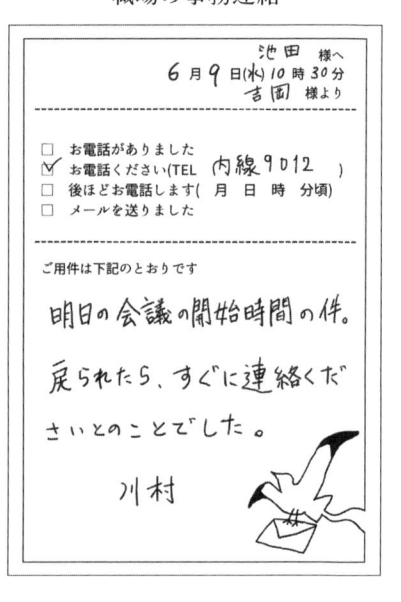

池田　様へ
6月9日(水) 10時30分
吉田　様より

☐ お電話がありました
☑ お電話ください (TEL　内線9012　)
☐ 後ほどお電話します(　月　日　時　分頃)
☐ メールを送りました

ご用件は下記のとおりです

明日の会議の開始時間の件。
戻られたら、すぐに連絡ください とのことでした。

川村

カード
パーティーへの誘い

恒例のクリスマスパーティーを開催します。
今年は手作りケーキに挑戦しますので、
デザートは、私におまかせください。
当日、楽しみにしています。

日時：12月24日（水）
　　　午後6時より
場所：喫茶もみのき　　横山リサ

9課　丁寧に伝える　65

> **課題4**　次のa〜cの用件を、それぞれの形式で簡潔に書いてください。内容や条件などは自由に設定してかまいません。
> a　友人に部活の催しを知らせるために手渡しするカード
> b　知り合いに荷物を送るときに同封するメモ
> c　先輩から借りた本を返すときに本に添える一筆箋

● 就職活動と手紙

　就職活動でも手紙を使用する場面があります。実習やインターンシップのお礼、OB・OG訪問の問い合わせなどには、手紙を使うのがよいとされています。また、履歴書やエントリーシートを送るときは、送付状を同封します。送付状は、社会に出てからも、たとえば取引先や顧客に書類を発送するときに添付します。

〈例〉

```
　　　　　　　　　　　　　　　　　　　　　　　平成28年4月10日
株式会社　有瀬ホーム
人事部採用ご担当者様
　　　　　　　　　　　　　　　　　　　〒651-0123
　　　　　　　　　　　　　　　　　　　兵庫県神戸市中央区凪町1-3
　　　　　　　　　　　　　　　　　　　　　中村　大地
　　　　　　　　　　　　　　　　　　　連絡先：090-2222-33**

　　　　　　　　　　　　応募書類の送付

拝啓　陽春の候、貴社におかれましては、ますますご清祥のこととお慶び
申し上げます。
　このたび、大学の就職支援室において貴社の求人案内を拝見し、選考の
対象としていただきたく、応募いたします。
　つきましては、下記の書類を同封いたします。ご査収くださいますよう
お願い申し上げます。　　　　　　　　　　　　　　　　　　　　敬具
　　　　　　　　　　　　　　記

　　　　　1．履歴書　　　　　　一通
　　　　　2．自己PRシート　　　一通

　　　　　　　　　　　　　　　　　　　　　　　　　　　　　以上
```

● 封筒の書き方

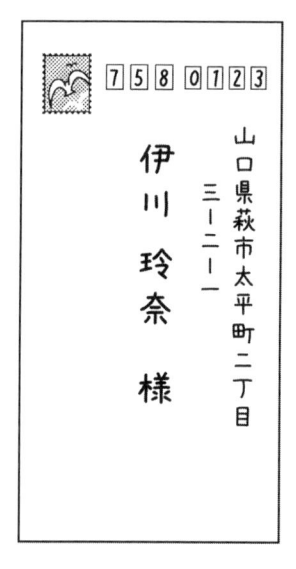

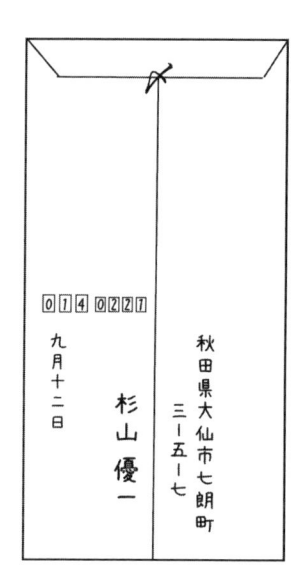

表面　1. 宛名は封筒の中央に書く。書き始める位置は、住所の行頭よりやや下からがよい。バランスよく、少し大きめに書く。
　　　2. 住所は地名や番地の途中で行が分かれないようにする。2行に分かれる場合は、行頭を1行目より1～2字程度下げて書く。
裏面　1. 差出人の住所と名前は、封筒の継ぎ目を挟んで書くのが基本だが、継ぎ目の左側に寄せて書いてもよい。
　　　2. 日付は、左側の余白などに記す。
　　　3. 封じ目には「〆」を書く。「緘」「封」などでもよい。

振り返り
　この課で学んだことや、新たに身につけたことを書いてください。手紙を書くときの心がけと、今後、手紙を活用できる場面を考えてください。

関連する文献
井上明美（2008）『一筆箋、はがき、短い手紙の書き方』主婦と生活社

ステージ2 まとめ

課題1 各課の振り返り

6課～9課での学習を通して、どのような文章表現力が身についたかを振り返りましょう。個人でまとめたあと、グループで確認してください。

6課　表現の基礎（2）―読みやすい文を書く―
7課　相手に合わせて表現する―敬語―
8課　配慮して伝える―行動を促す文章―
9課　丁寧に伝える―手紙の書き方―

課題2 グループワークの振り返り（2）

グループワークをおこなうと、多くの意見を取り入れ、よいものを作ることができます。それだけではなく、共通の課題に取り組む過程でメンバーの意見に耳を傾けることで、視野が広がります。その結果、課題に対する理解も進みます。また、メンバーに自分の意見を説明することで、自分自身の思考を整理することもできます。

グループワークについて、次の点を振り返ってください。個人で考えたあと、グループのメンバーの意見も聞いてください。

・グループワークで、メンバーの意見を聞くことで、視野が広がることを実感できたか。
・グループワークをより活性化するために、自分はどのような役割を担ったか。
・グループワークを円滑に進めるために大切なことは何か。

> 仕事で作成する資料では、提示する相手によって資料の構成を変えることが多い(結論が最初、データ情報が多く必要など)。新入社員にも、シーンに応じて文章の構成を変換できるフレキシビリティがあるとよいと思う。
>
> 複合サービス業、40〜44歳、男性

> 新卒者は、相手との関係を考えた文章を書くのが苦手という印象があります。誰に対してもフォーマルな同じような文章を書くという感じでしょうか。
>
> 飲食店・宿泊業、45〜49歳、男性

> 敬語がたどたどしい。人によっては正しすぎてよそよそしい。相手との関係や距離感を文章に反映させないとダメ、というアドバイスをよくしている気がする。
>
> サービス業、35〜39歳、男性

表5　社会人にとって重要だと考えられる能力

順位	内容		
1	コミュニケーション力	5	誠意、正直さ
2	主体性	6	情報収集力
3	思考力、状況把握力	7	熱意
4	計画力	8	実行力
	発信力	9	ストレスコントロール力
		10	課題発見力

ステージ3
アピール力アップ

　文章表現力によって、内容のよさを効果的にアピールすることができます。レポートにふさわしい文章を書いたり、企画の魅力を表現したり、自分自身のことを適切に表現したりできる「アピール力」を向上させます。

10課 表現の基礎(3)
―わかりやすい文章を書く―

> **この課の目標**
> 文と文が連なったものを文章という。わかりにくい文章の問題点を知り、わかりやすい文章で伝えたいことがアピールできるようになる。

課題1 次の文章は、段落が分けられていません。どこで段落を分ければわかりやすいか、考えてください。

　日本のなかでも地域によって食文化が異なることがある。たとえば、肉の消費傾向は、東日本と西日本とで違いがある。東日本では豚肉の消費量が多いが、西日本の多くの地域では牛肉が優勢である。カレーや肉じゃがに入れる肉も、東日本では豚肉が、西日本では牛肉が好まれるという。「肉」という言葉で思い浮かべる肉の種類が違うため、具に豚肉の入った中華まんじゅうが、東日本では「肉まん」、西日本では「豚まん」と呼ばれてきた。東日本では「肉」と言えば豚肉を指すため「肉まん」と呼ばれ、西日本では「肉」と言えば牛肉を指すため、「豚」であることが明示されてきたのである。しかし、コンビニエンスストアでは、チェーンによって呼び方が異なる。「肉まん」とだけ呼ぶチェーン店もあれば、「○○肉まん」「△△豚まん」というように両方の名称を使っているチェーン店もある。全国各地に店舗のあるコンビニエンスストアにおいて、「肉まん」「豚まん」は冬季の人気商品となっているため、呼称の地域差は少なくなってきているかもしれない。

文章は、意味のまとまりによって数行ごとに段落分けするのが基本です。段落の始まりを１字分空けて示します。
　文章をわかりやすくするには、「この」「それ」などの指示語を効果的に使うことも有効です。次の例は、指示語を使うことでわかりやすい文章になります。
　〈例〉私は、高校２年生の夏に、ニュージーランドで３週間ホームステイをした。ニュージーランドでホームステイした経験が、英語を深く学ぼうと思うきっかけになった。（その）
　ただし、指示語が有効なのは、指示語が何を指しているのかを読み手が無理なく理解できる場合に限ります。次の例では、「それ」が何を指しているのかがあいまいです。
　〈例〉本をまったく読まない若者が多い一方で、小説家を目指す若者は増えている。それには、インターネットの影響があると考えられる。
　上の例では、「それ」が「小説家を目指す若者は増えている」ことを指しているとも、前の文全体を指しているとも解釈できてしまいます。

> **課題２**　次のａ〜ｃは、指示語の使い方がわかりにくい文章です。なぜわかりにくいのかを考え、伝わりやすい文章に書き直してください。
> 　ａ　コミュニケーションは大切だが難しい。苦手だと感じている人も多い。そのことは、そのための本がたくさんあることからもわかる。それは就職活動でも必要性が高い。
> 　ｂ　健康的な毎日を送るには、夜ふかしをせず一日の生活のリズムを整える必要がある。そのためには、栄養のバランスを考えた食事をすることも大切である。
> 　ｃ　若者の映画館離れが進んでいる。若者があまり映画館に行かない主な理由は、DVDなどを自宅で見るほうが楽であることと、料金が高いことらしい。動画サイトの影響もある。それは当然だと思う。

　指示語は、使いすぎないことと、指す対象が遠すぎないことが大切です。まずは、自分が使う指示語が何を指しているのかを明確に意識しましょう。

文章のつながりをわかりやすくするためには、「したがって」「しかし」のような接続表現を効果的に使うことも大切です。

> **課題3** 次のa～cは、接続表現が必要なときに使われていなかったり、使い方が適切でなかったりするために、わかりにくくなっている文章です。伝わりやすい文章に書き直してください。
> a 　人見知りだったので、協調性を身につけるために、接客のアルバイトを始めた。イベントのサークルに入って、他学部の人たちともたくさん友達になった。高校生のころより協調性が身についた。
> b 　現代の日本では少子高齢化が問題になっている。ゆえに、若年層が減って高年層が増えつつある。
> c 　以上、大学生のボランティア活動参加の実態を明らかにした。しかし、次の章では、ここ数年間の変化も考察する。

接続表現には多くの種類があります。まず、大きな分類を確認し、次に、同じ分類のなかでの使い分けを考えましょう。

[主な接続表現の種類]
　論理関係を表す　順接(「したがって」「そこで」「すると」など)、
　　　　　　　　　逆接(「しかし」「ところが」など)
　加える　添加(「そして」など)、累加(「そのうえ」「しかも」など)、
　　　　　換言(「つまり」「すなわち」など)、例示(「たとえば」など)
　並べる　並列(「および」など)、選択(「または」「あるいは」など)
　話題を展開する　列挙(「まず」「つぎに」「また」「さらに」など)、
　　　　　　　　　転換(「ところで」など)、対比(「一方」など)、
　　　　　　　　　補足(「ただし」など)、まとめ(「以上のように」など)

前後の文章の関係を意識し、適切な接続表現を選ぶことが大切です。新聞の社説や小説などでの接続表現の使われ方を観察するのも勉強になります。

適切な表記と言葉づかい(2課)、読みやすい文の書き方(6課)、わかりやすい文章の書き方(本課)をふまえて、課題4・課題5に取り組んでください。

課題4 明山大学の演劇部では、毎年、新入生を中心とした新人公演があり、チラシ作りなども新入生がおこなっています。次の文章は、チラシに書かれた劇の紹介文です。表現が間違っているところやわかりにくいところを、できるだけたくさんあげてください。

　卓也が好きな彩香は、5年前に死んでしまった愛犬と同じソラという名前の可愛いらしい女の子と出会う。不思議な懐かしさが感じたが言わず自然に仲よくなり二人で遊びに行ったり卓也と3人で出かけてときにはけんかもするがすぐに仲直りして、楽しい日々を過ごしていた。卓也への想いもソラと相談していた。であって半年経ったころ、その口から語られた衝げきの事実とは！？　または彩香の恋の行方は？　全キャスト新入部員でお届けするせつなくて心があたたかい青春ヒューマンラブファンタジーを心を込めてお届けします！

課題5 学生が作っている大学新聞で、自分の好きな作品（小説・映画・漫画など）を紹介する記事を担当することになったと考えて、300字以内で文章を書いてください。学生だけでなく先生や事務の人も読む新聞です。ストーリーの結末まで書かなくてもかまいません。

振り返り
　この課で学んだことや、新たに気づいたことを「わかりやすい文章」で書いてみてください。

関連する文献
石黒圭(2008)『文章は接続詞で決まる』(光文社新書)光文社
日本語記述文法研究会編(2009)『現代日本語文法 7　第12部 談話　第13部 待遇表現』くろしお出版

11課 アカデミックな文章を書く

> **この課の目標**
> レポートや論文のようなアカデミックな文章を書く際の決まりを知り、客観的な文章を書く力を身につける。

　大学の授業では、2課で見たように、カードなどに課題に応じた文章を書いて提出することがあります。学期末などにはレポートがありますし、定期試験では記述式問題が出ることもあります。そして、卒業するためには卒業論文を書かなければならない大学・学部も多くあります。

　そのような場合には、いずれもアカデミック(学術的)な文章を書くことが求められます。適切な文字・表記で書き、話し言葉のような語や表現は使いません(2課参照)。文の構造を意識した読みやすい文で書きます(6課参照)。段落を分け、指示語や接続表現を適切に使って、わかりやすい文章を書きます(10課参照)。それらをふまえたうえで、アカデミックな文章を書く際には、さらに決まりがあります。

　次の文章は、実際の卒業論文の冒頭です。

---

1. はじめに
　昨今、「〜的」という言葉は日常会話の中に頻繁に登場する。望月(2010)では、「明治15年以降、現代語の「的」の用法に近い「―的ナN」「―的ニ」の形が出現し、その生産的な造語力と利便性のために、次第に学術書・論説文・新聞記事など硬い文章を中心に広く使われるようになった」(p.2)とある。この傾向は、現在でも同様であると思われる。
　一方で、2011年3月12日に発生した福島第1原子力発電所の水素爆発に対し、枝野官房長官(当時)が「爆発的事象が発生した」と述べた際のように、「〜的」の使い方に批判が集まることも少なく

ない。一般に若者言葉であるとされる「俺的」や「長さ的」といった「〜的」も、批判のやり玉に挙げられることが多い。
　では、このように広く市民権を得、良くも悪くも人々にとって身近な言葉となった「〜的」は、現代と変わらぬ用法で従来から使われていたのだろうか。また、そもそも「〜的」とはどういう意味の語であるのか。
　本稿では、「〜的」の用法の変容を調査することにより、現代における「〜的」の特徴と意味を考察していく。特に、後述する理由により、「個人的」という語には着目する。

2．研究の方法
2．1．調査対象と調査方法
　本稿の調査対象は、国会会議録と有名人のブログである。
　国会会議録は、インターネット上の『国会会議録検索システム』を使用する。これを使用する理由は、古いデータも新しいデータも容易に入手できることから、比較が容易なためである。ブログは、特に若い年代において書き言葉であるにも関わらず砕けた文体であることが多く、今までと用法の異なる「〜的」を発見しやすいのではないかと思われるため使用する。

(末道令平 (2013)「『〜的』の用法の変容」『人間文化 H & S』32 号、神戸学院大学人文学会、pp. 69-79。3 行めの N は名詞のこと。)

課題 1　上の卒業論文の文章と、156 〜 157 ページのレポートの体裁の例を見て、文章にどのような特徴があるかを話し合ってください。言葉づかい、形式などいろいろな面から考えてみてください。

　アカデミックな文章は、客観的に書くことが望まれます。読み手との関係を感じさせる「です」「ます」は使わず、「である」体で書きます。「〜が原因だと考えられる」のような文のなかでの「だ」は使いますが、文末には「〜だ。」は使いません。客観的な文章には「〜だ。」より「〜である。」のほうが

ふさわしいのです。「〜が原因。」のように名詞で終わる文も使いません。

「ですます体」と「である体」の違い

ですます体	である体
調べます／調べました	調べる／調べた
増加しています／増加していました	増加している／増加していた
原因です／原因でした	原因である／原因であった
多いです／多かったです	多い／多かった

課題2 次のa〜eの文がアカデミックな文章として不適切な理由を話し合ってください。書く必要がないことについては、その理由を説明してください。表現を変えるとよいものについては、適切な文に書き直してください。

a 僕は、転職する若者は増えていくだろうなあと思います。
b 授業中に先生がおっしゃったことをレポートのテーマにさせていただきました。
c ファッション雑誌を買う男性は女性の1割程度しかいなかった。(周りの友達に聞いただけなので、残念ながら断言はできないが。)
d 健康にとって大切なのは栄養と睡眠。睡眠をバカにしてはいけない。
e ネットさえあれば他人はいなくても生きていける。というのは冗談だが、ネットがないと生きていけないのはモチロン事実だ。

新聞の報道記事を読んでも、書き手の性別や年齢などは感じられません。凝った文学的な表現も使われていません。その分、内容が明確に伝わってきます。アカデミックな文章でも、書き手がどのような人物かを感じさせる表現や、凝りすぎた表現は避けましょう。

慣れるまでは堅苦しく感じるかもしれませんが、場面や相手によって服を着替えるように、文章も、目的や相手に応じたものにする必要があります。

アカデミックな文章では避けたほうがよい語や表現

(⇒付録「練習問題5」)

1. 「僕」「私」「(一人称の)自分」
2. 敬語
3. 「〜と思う」「〜と感じる」のような主観的な表現
4. 体言止め・倒置
5. 言いさし(「〜から。」「〜けど。」など)
6. 修辞上での効果をねらった表現(極端な比喩・ジョーク)
7. 読み手への話しかけ(「〜してもらえるだろうか」など)

「私は〜と思う」のような主観的な表現を避けるには、事実を述べるときは「〜である」「〜が多い」などと断言します。解釈や意見を述べる場合は、「〜といえる」「〜と考えられる」といった表現を使います(表現例は14課)。

アカデミックな文章では、話の筋道が客観的・論理的に整っていて、内容が読み手に正確に伝わることが大切です。

> **課題3** 次のa・bは、内容が正確に伝わりにくい文章です。なぜ伝わりにくいのかを話し合い、必要な説明を補って、伝わりやすい文章に書き直してください。
> a 有権者であれば誰でも裁判員の候補に選ばれる可能性がある。重大事件なので精神的な負担が大きい。
> b 韓国で制作されたドラマ、いわゆる韓流ドラマは、展開が急で非現実的なことが多い。日本で人気が高い理由を考察する。

必要な情報が適切に示されていないと理解しにくいのは、これまでの課で学んできたことと同じです。アカデミックな文章を書く場合にも、必要な説明を適切に書きましょう。

> **課題4** アカデミックな文章では、使いすぎると適切でない表現があります。次の a・b の文章は、なぜ問題になるのかを考えてください。
> a 図を見ると、電力の問題に関心をもつ人が増えているのではないだろうか。関心をもつ人が増えれば、いずれは技術の発展にもつながるのではないだろうか。
> b まず、資料から若者の悩みに関する語をピックアップした結果が以下である。語の後の括弧内は雑誌名を表し、その後の数字はページを表しているのである。108語が集まったのである。

「のではないか」「のではないだろうか」はアカデミックな文章に使われますが、使いすぎると、疑問が続くことで読みにくい文章になります。「のである」はアカデミックな文章で結論を導き出したときなどには使われることもありますが、頻繁に使うと主張しすぎている印象を与えます。

● レポートの書き方の基本

　レポートは、テーマについて事実を調べたうえで考察したことを表現するものです。事実と意見を区別し、序論・本論・結論という筋道を立てて書くことが求められます(14課参照)。

　詳しくは第Ⅱ部で学びますが、執筆の仕方はおおまかには次のとおりです。
(1) 　与えられた課題を把握し、テーマを決定する(15課参照)。
(2) 　必要に応じて資料を探す(15課参照)。
(3) 　論拠(主張の理由)を考え、アウトラインを決めてから書き始める(16課参照)。
(4) 　関連する本や調査結果を正しく引用する(17課参照)。
(5) 　必要に応じてアンケート調査をおこなう(18課参照)。
(6) 　必要に応じて数量データを図表で示す(19課参照)。
(7) 　書き終えたら読み直し、表現や形式を整える(21課参照)。

> **課題5** 大学でレポートの課題が出たときやゼミで発表をするとき、インターネット上の誰でも編集できる百科事典や、まとめサイトは、参考にしないほうがよいと言われます。なぜ参考にしないほうがよいのか、話し合ってください。

アカデミックな文章では、文の内容に誰が責任をもっているのかをあいまいにしないことが大切です。事実なのか意見なのか、誰の意見なのかを明示する必要があります。誰が責任をもっているのかを重視するのですから、インターネットなどからの、いわゆるコピペ（コピーしたものを貼りつけること）は論外です。

アカデミックな文章の作成や提出で守るべき基本は次のとおりです。指示、形式、時間を守る習慣をつけることは、社会で働くための基本的な姿勢を身につけることにもなります。

アカデミックな文章の作成・提出で守るべき基本

授業中の提出課題、定期試験の記述問題
1．課題や問題を正確に把握する。
2．時間内に適切な分量を書く。

レポート
1．課題を正確に把握する。
2．提出期限・提出方法・体裁や分量を守る。
3．信頼できない情報を使わない。

レポートの表紙の例は付録155ページ、レポート体裁の例は156〜157ページにありますので、参考にしてください。

> **振り返り**
> この課で学んだことをふまえ、これからの大学生活でアカデミックな文章を書くときに特にどのようなことに気をつけたいか、書いてください。

12課 企画をアピールする

> **この課の目標**
> 　企画をアピールする広告やキャッチコピーを通じて、一貫性のある内容と表現で人の心に訴えかける力を身につける。

● 企画

　企画とは、目的を定め、それを達成するための方法と手順をまとめることです。その内容をわかりやすく示したものが企画書で、イベントや商品開発の際に作成されます。おおまかには、次のような手順で作成を進めます。目的から作業手順まで一貫性があることが大切です。

1．完成イメージを描いて目的を定める
　既存のもの(商品、サービス、イベントなど)の情報を収集し、特徴と問題点を明確にします。それらのよい点を取り入れ、問題を改善しながら完成イメージを描きます。それを完成させることが目的となります。

2．対象を特定する
　商品、サービス、イベントなどの対象を決めます。学生、会社員、女性、子ども、富裕層など、具体的に特定します。

3．目的達成のための必要条件を明らかにする
　目的を達成するための必要条件を明らかにします。2で定めた対象の特徴を考慮し、1で定めた完成イメージを実現するために必要な条件を現実的、具体的に考えます。

4．作業手順を決める
　目的を達成するための作業手順を決めます。3で明らかにした必要条件を、誰が、いつ、どこで、どのように達成していくのかを明確にします。

〈商品開発の企画書の例（簡略にしたもの）〉

企画名	摂りすぎないための特保清涼飲料水
完成イメージ・目的	生活習慣病が広く認知されるようになり、カロリーや塩分の摂りすぎに対する問題意識が広がってきている。しかし、おいしさやおしゃれなイメージが中心の清涼飲料水が多く、健康に配慮されたものは少ない。特にカロリーの摂取をおさえる商品はまだ少ない。 →栄養やカロリーの過剰な摂取をおさえる清涼飲料水
対象	健康志向の人、女性、中高年
目的達成の必要条件	・栄養やカロリーの過剰な摂取をおさえる効果 ・おいしさ ・健康的で爽快なイメージ ・ほかの類似商品との差別化 ・効果的な販売促進
作業手順	①目的に適合する成分の調査と検討 ②サンプルの試作とマーケット調査 ③サンプルの改善 ④商品の完成 ⑤商品名、価格、パッケージの決定 ⑥広告媒体の選定 ⑦宣伝、営業の開始

（企画名について）企画の内容を決めたあとで確定します。

（作業手順について）期間や担当者などの情報も入ります。

● 企画のアピール

　企画をアピールする方法は、新聞や雑誌、SNSやウェブサイトを使った広告が一般的です。企画や対象に合わせた方法が選ばれます。

> **課題1** 大学祭の展示企画

松若大学2年生の中川くんは、日常生活における芸術について考えるゼミに所属しており、チラシや食品のパッケージのように身近なものが芸術としてどうとらえられるかを学んでいます。中川くんはゼミの内容を大学祭に展示として出したいと考え、先生に相談しました。すると、考えていることをまとめてゼミで提案してみたらどうかと言われ、次のような企画案を作りました。

企画名	芸術文化入門演習の紹介
完成イメージ・目的	芸術は日常生活とは離れた特別なものだと思われがちだが、身近なものも芸術としてとらえられることを示す。
対象	大学祭に来てくれた人たち
目的達成の必要条件	［期間］10月22～24日（大学祭期間中の全日程） 小さめの教室を借りて、ゼミ発表のうちおもしろかったものの紹介をする。ゼミ発表の順番に発表内容を見やすくした紙を貼る。ゼミ発表のときのおもしろかった資料はなるべく実物を並べる。演劇・コンサートのチラシとか、高級なお菓子のパッケージとか。ゼミ発表で使わなかったものでもよさそうなものならどんどん並べてもいいかも。 ［宣伝方法］チラシを作って配る。
作業手順	ゼミ発表のうち何を展示するかを多数決で決めて、それで選ばれた発表の人が展示するものを準備をする。チラシも作る。チラシはみんなで配る。当日は交替で会場にいるようにする。

問題1 この企画案の不十分な点をできるだけ多くあげてください。

問題2 たくさんの人が来て興味をもてるように、また、スムーズに実行できるように、企画案をよりよいものに作り直してください。完成イメージ・目的以外は、自由に修正してかまいません。

●キャッチコピー

　広告においては、長い文章で説明するよりも、短い言葉で印象づけるほうが効果的な場合があります。短い言葉の代表がキャッチコピーです。
　キャッチコピーを作るには、まず、商品やサービスの長所や特徴、対象、販売方法や、ほかの商品と差別化できるポイントを考えます。何を、どのような人が、いつ、どこで、何のために、どのように、いくらで購入すると考えられるのかなどを、客側の視点から探ります。
　キャッチコピーの表現方法には、次のようなものがあります。

- 解決策を示す　〈例〉「しつこい汚れを一掃する！」
- 問いかける　〈例〉「綺麗な字の書けるペン、ほしくありませんか？」
- 数字を入れる　〈例〉「1日10分、200円の節約！」
- 客側の考えを代弁する　〈例〉「こんなのほしかった、無添加洗剤！」

　実際のキャッチコピーには、次のようなものがあります。
〈例〉「ココロも満タンに」
　　　　　　　　　　　　　　（コスモエネルギーホールディングスサウンドロゴ、仲畑貴志・作詞）

　　何を　What ＝ガソリン（エネルギー源）を
　　どのような人が　Who ＝運転者が／精神的に満たされない現代人が
　　いつ　When ＝ガソリンが切れたときに／思いやりが不足している時代に
　　どこで　Where ＝ガソリンスタンドで
　　何のために　Why ＝ガソリン（エネルギー源）が不足しているため

　これは、給油と人の精神的なエネルギーの補給とを重ね合わせたものです。コスモ石油のスタッフが心を込めて車のガソリンを補給することで、客の心にもエネルギーを満たします、という思いが込められています。相手を思いやる心の不足しがちな時代には、印象に残るキャッチコピーです。さらに、カタカナ表記を多用することでリズム感や軽やかさを出しています。

> **課題2**　気になるキャッチコピー、印象に残るキャッチコピーを出し合ってください。そして、その商品やサービスの対象、アピールポイント、表現の工夫について話し合ってください。

課題3 地域活性化サークルによる企画とチラシ

　地域活性化を目指すサークル「ローカルユニオン」の学生たちは、農家と協力して野菜を栽培・販売することになりました。メンバーの話し合いで次のような企画が立てられ、チラシが作成されました。

企画のポイント

完成イメージ・目的	地域で採れた野菜を購入する顧客を増やす
対　　象	地域の若い世代の主婦
目的達成の必要条件	学生が参加し、活気があるチラシで、お買い得情報がわかりやすく伝わる

　その後、目的や対象と必要条件の一貫性を見直した結果、企画が次のように修正され、チラシも完成しました。

企画のポイント

完成イメージ・目的	地域で採れた野菜を購入する顧客を増やす 顧客の健康と満足の増進
対　　象	地域内外の若い世代の主婦と年配の方
目的達成の 必要条件	手頃な価格で無農薬野菜を扱う健康志向の野菜専門店にする 栽培した野菜の栄養価を大学生が調査する 野菜を自宅まで配達するサービスをおこなう

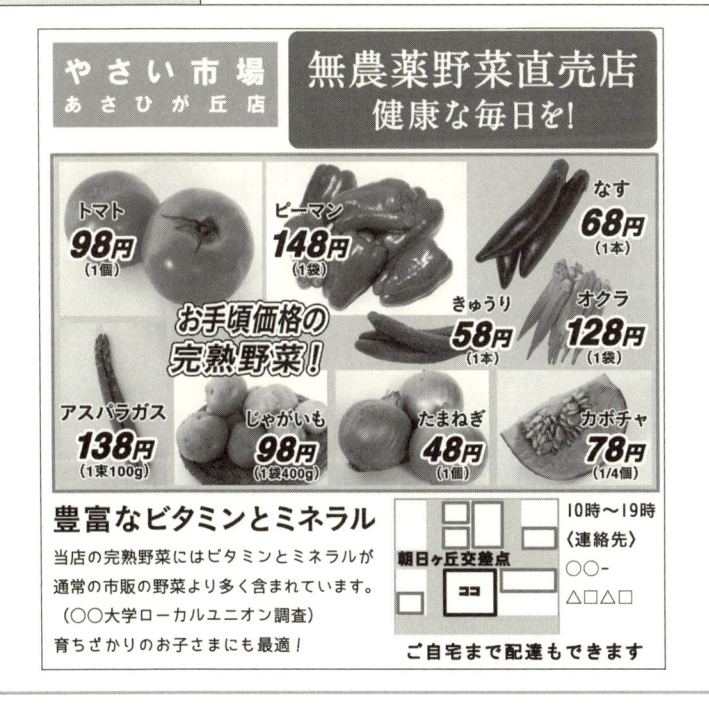

やさい市場 あさひが丘店
無農薬野菜直売店 健康な毎日を！

トマト 98円（1個）
ピーマン 148円（1袋）
なす 68円（1本）
きゅうり 58円（1本）
オクラ 128円（1袋）
アスパラガス 138円（1束100g）
じゃがいも 98円（1袋400g）
たまねぎ 48円（1個）
カボチャ 78円（1/4個）

お手頃価格の完熟野菜！

豊富なビタミンとミネラル
当店の完熟野菜にはビタミンとミネラルが通常の市販の野菜より多く含まれています。
（○○大学ローカルユニオン調査）
育ちざかりのお子さまにも最適！

10時～19時
〈連絡先〉
○○-
△□△□

朝日ヶ丘交差点　ココ

ご自宅まで配達もできます

問題1　企画はなぜどのように改善されたのか考えてください。

問題2　修正前と修正後のチラシを、特に、チラシを含む企画全体の一貫性に注意して比較してください。

課題4　大学祭のポスター

　松若大学大学祭実行委員会は、食べ物の模擬店が中心の大学祭ではなく、松若大学のことを広く知ってもらえるような大学祭にしようと考えています。次のような企画を立て、ポスター案も作りました。

企画のポイント

完成イメージ・目的	大学の歴史と現在を知ってもらう大学祭
対象	高校生、地域の人、他大学の人、新入生
目的達成の必要条件	大学に関する展示やイベントを増やす 大学のグッズを安く売る

```
あなたは松若大学のことを
本当に知っていますか？

松 若 祭
20XX年10月22日～24日

10月22日15時　中央ステージ
松若大学に関するクイズ大会
「これであなたも松大博士！」

模擬店は昨年の1.5倍！
おなかいっぱい、楽しめます☆

隠れた人気、松若せんべい
安売りコーナーも！

ゼミやサークルの企画も
盛りだくさん。お楽しみに!!

松若大学大学祭実行委員会
```

問題1　この企画の必要条件として不足していることをあげてください。
問題2　このポスターのよくない点をできるだけ多くあげてください。
問題3　企画全体の一貫性に注意しながら、キャッチコピーを含むポスター全体をよりよいものに作り直してください。その際、企画の具体的な内容などは、自分たちの大学に置き替えて考えてください。

課題5　キャンプのスタッフ募集の広告

　学生団体「子どもとふれあい隊」は、地域の子どもたちを連れて、川下りや飯盒炊爨(はんごうすいさん)を体験する夏キャンプをおこないます。次のような企画を立て、学生スタッフのボランティアを募集するための広告を作りました。

企画のポイント

完成イメージ・目的	子どもと一緒に過ごす有意義な夏休み
対象	子ども好きで責任感のある大学生
目的達成の必要条件	参加者どうしが新しい人間関係を築く 楽しみながら社会貢献をする

大自然に囲まれて作りませんか、夏の思い出

子どもたちの笑顔がいっぱい
新しい仲間との社会貢献で
有意義な夏にしましょう！

「何をしたらいいか迷っている」
「人の役に立つことをしたい」
「時間と力をもて余している」

そんな子ども好きの
あなたにぴったり！！

2泊3日の七色山キャンプ

学生スタッフ大募集！！

期間：8月10日から8月12日まで
※興味のある人は、是非○○までご連絡ください!!
連絡先：○○（080-XXXX-XXXX）まで
HP：http://kodomo-to-hureaitai-XXX.com

問題1　この企画の必要条件として不足していることをあげてください。

問題2　この広告のよくない点をできるだけ多くあげてください。

問題3　企画全体の一貫性に注意しながら、よいスタッフが集まるよう、キャッチコピーを含む広告全体をよりよいものに作り直してください。

> **課題6** ボランティア参加者募集の企画と広告
>
> 　七星大学の学生たちが、災害復興支援をおこなうために被災地域へボランティアに行くことに決めました。参加する学生を集めるために、配布用の広告を作成する必要があります。有志の学生たちの間で話し合いがおこなわれ、次のような意見が出ました。
>
> 武田「自分たちが病気やけがをしたら迷惑がかかるから、運動部とかの力のある男子だけ集めようよ」
> 丸山「いや、力がありさえすれば役に立って喜ばれるってもんじゃないでしょ。いろんな人がいたほうがいいから、そんな条件は要らないと思う。それより気持ちでしょ。現地で必要とされることはできるだけ何でもしよう、したいっていう気持ちをもってることのほうが大事なんじゃないかな」
> 平井「そうそう。人とのつながりを大切にしたいっていう熱い思いをもった人が集まるといいなあ」
> 丸山「うん、支援っていっても瓦礫の撤去作業や物資提供をするだけじゃなくて、現地での助け合いとか温かいふれあいとか、そういう人間関係を作りたいよね」
> 武田「わかった。たしかにそうだね。で、大変な状況で人のために行動できる力を、このボランティア活動から学べるといいよね」

　これらの意見をふまえて参加者募集の企画書を作ってください。どのような学生に参加してほしいかについて、話し合いで出た意見に追加したいことがあれば、補ってもかまいません。また、その企画をもとに広告を作成してください。広告の媒体は、新聞折り込み広告でも掲示用ポスターでも何でもかまいません。

> **振り返り**
>
> 　実際の広告を集め、商品やサービスの目的、対象、アピールポイントがどのように盛りこまれているかを考察し、優れた企画や優れた広告の特徴を考えてください。

コ　ラ　ム　PDCA（ピー・ディー・シー・エー）

　PDCAとは、「目標を決めて具体的に計画を立てる（Plan）、役割を決めて実行する（Do）、成果を確認する（Check）、必要に応じて改善する（Action）」という仕事の流れのことです。現在、企業や省庁をはじめ、多くの場で使われています。この課で学んだ企画でも活用されています。

　PDCAは、グループワークをしたりレポートを書いたりする場合でも活用できます。

> 社会人には、具体的で客観的な事実に基づいた文章を書く能力が必要だと感じます。感情の混ざった主観的な文章は根拠が弱く、読み手に理解を促せないと思うからです。

金融・保険業、30～34歳、男性

> 文章が不特定多数の方に読まれることを想定すると、最小限の形式は整えられるスキルが必要です。「起承転結」「気づき・分析・仮定・実行・振り返り」「P・D・C・A」等の順序に従って表現すると、読む側も理解しやすいと思います。

情報通信業、50～54歳、男性

13課 自分を表現する
―自己PR 基礎編―

> **この課の目標**
> 相手の知りたいことをふまえ、自分の人柄や能力を効果的にアピールするための基礎的な考え方や技術を身につける。

● 自己PRとは

　学生生活における自己PRは、ゼミの選択、奨学生や留学制度への応募、単位互換制度での他大学の講義の受講、就職活動などの選抜の判断材料として求められます。自己紹介とは異なり、「何をやってきたか」「何ができるか」「今後どうしていきたいか」を相手が納得のいく形で表現し、自分の人柄や能力をアピールします。

> **課題1　自己PRの例**
> 　同じ人が書いた次のa・bの自己PRを読み、印象を比較してください。ゼミや留学先、会社で、どちらの書き方がより評価されるか、どちらの人がより受け入れられやすいかについても考えてください。
>
> a　私は小学校から高校まで野球に打ち込んできました。厳しい練習と上下関係のなか、12年間やり抜いて強くなれたと思います。礼儀と体力にも自信があります。これから大変なことがあっても、元気に明るくがんばっていきます。
> b　私は忍耐力では誰にも負けません。小学校からずっと激しいクラブをしてきました。なのでどんな劣悪な環境でもがんばっていけます。礼儀のできない人も多いですが、私はそんなことはありません。

●自己PRの書き方

　自己PRには、特に決まった書き方が存在するわけではありません。
　ただし、自分の人柄や能力について率直に書き、読み手の求めていることをわかりやすく示すことは大切です。

[伝わりやすい自己PRにする方法]
1. 現在→(現在に至るまでの)過去→(現在をふまえた)未来の順に説明する
2. 数値を入れて具体的に述べる
3. テーマを絞りこむ

　また、内容としては、困難を克服した経験や将来の目標を書くと人柄や能力が伝わりやすく、効果的なアピールになります。

a

私は小学校から高校まで野球に打ち込んできました。

⇦ 小学校から高校までという長い期間、野球に取り組んだ姿がイメージできる。

厳しい練習と上下関係のなか、12年間やり抜いて強くなれたと思います。

⇦ 困難に取り組み、努力を続けることで成果をあげたことがわかる。「強くなれた」はあいまいな表現ではあるが、厳しい練習や上下関係を通じてという文脈があるので、納得できる。

礼儀と体力にも自信があります。

⇦ 上下関係や厳しい練習のなか長期間やり抜いたという根拠から納得できる。

これから大変なことがあっても、元気に明るくがんばっていきます。

⇦ 以上の文脈から「元気に明るくがんばる」前向きな人柄であることがわかる。

● 自己PRの書き方で
注意すべきこと

b

例文	コメント
私は忍耐力では誰にも負けません。	「誰にも負けない」という過剰な表現は、文章の信頼性について不安を感じさせる。他者を軽く見るような表現とも受けとられかねない。
小学校からずっと激しいクラブをしてきました。	「激しいクラブをしてきました」という表現だけでは、どのような経験をしたのかが具体的に伝わらない。
なのでどんな劣悪な環境でもがんばっていけます。	「どんな劣悪な環境でも」という過剰な表現は、文章の信頼性について不安を感じさせる。
礼儀のできない人も多いですが、私はそんなことはありません。	他者を否定的に、自己を肯定的に書いているため、人間関係を築く力に不安を感じさせる。

　「ずっと」や「いろいろ」のような抽象的な表現を多用すると、実際には具体的な努力をしていないのではないかと思われかねません。また、長所だけをことさらに強調すると、自信過剰で客観的な視点をもっていない人物だと思われる可能性があります。具体的な事実に基づいて自分の人柄と能力について説明しましょう。
　さらに、自分をアピールしようとするあまり、ほかの人のことを悪く書いてしまうと、他者と協力できない人間であるという印象を与えてしまいます。

［自己PRによく見られる不適切な表現］
1．具体的な根拠を伴わない主張
　　〈例〉私の努力で売上げが上がりました。

2．抽象的な表現
　　〈例〉とてもたくさんの経験をしました。
　　　　いろいろがんばりました。
3．過剰な表現
　　〈例〉どんな環境でも決して辞めません。
　　　　誰にも負けません。
4．他者に対する否定的な表現
　　〈例〉私はほかの人とは違って根性があります。
5．矛盾した表現
　　〈例〉私は人見知りですが、コミュニケーションは大好きです。

● 評価される自己 PR を書くためには
　自己 PR では、もちろん、適切な表現だけでなく内容が大切です。
　内容の面でどのような自己 PR が高く評価されるかについては、審査の目的によって基準が異なるため、唯一の正解はありません。ただし、多くの場合には「よい人」を選ぼうとするので、高く評価される自己 PR には共通点があります。
　たとえば、困難を乗り越えて成長した人とそうでない人なら、明らかに前者が好まれます。事実に基づいて判断する人とそうでない人も同じです。他者と協力する人とそうでない人、卓越した実績をもっている人とそうでない人も同様です。
　つまり、自分を磨いて実力をつけ、他者と協力し、他者の力になる人が評価されます。実際には、さまざまな人を理解したうえで人の役に立つ行動をとることは簡単なことではありません。しかし、何かに打ち込んで努力すれば、広い人脈と正しい知識、多様な経験が得られ、柔軟性や適応力が鍛えられます。そうすると、他者の力になることができるようになり、アピール力のある自己 PR が書けるようになります。

課題2　「現在→過去→未来」の順に書こうとした自己PR

　次の自己PRは、大学2年生の和田さんがイギリス留学の奨学生に応募するために書いた自己PRです。「現在→過去→未来」の順に書くとわかりやすいと教わったので、それを意識して書いたのですが、書類選考で不採用になってしまいました。

　私は、現在、大学でESSサークルに所属しています。毎日大学とサークルに行き、とてもがんばっています。英語は好きなので、勉強が楽しいです。過去としては、高校2年生のときに、オーストラリアに2週間留学しました。人のことを考えない人や自分の都合ばかり主張する人がいましたが、自分とは違った考え方をもつ人たちと触れ合う機会は大切だと思い、コミュニケーションをしました。初めは、話を聞き取ることに必死で、自分の考えを伝えたりすることが十分にできませんでしたが、最後はすごく友達になれました。未来としては、人を尊重できるという私の長所をいかして、多くの人とコミュニケーションし、いろんな考え方を吸収していきたいです。そして、国際的に活躍できる人になりたいと考えています。なので、よろしくお願いします。

問題1　この自己PRの問題点をできるだけ多く指摘してください。また、その理由をあげてください。

問題2　この自己PRを、現在と過去の関係、現在と未来の関係が伝わるように気をつけながら書き直してください。その際、不足している情報は想像で補ってかまいません。

課題3　困難を克服した経験を書こうとした自己PR

次の自己PRは、大学1年生の川口さんが震災復興支援のボランティア活動に応募するために書いた自己PRです。「これまでに苦労したことを書くように」と指示があったので、それを意識して書いたのですが、面接で「何を伝えたいのかわからない」と言われてしまいました。

> 私は、これまで2つ苦労をしたことがあります。1つは、中学生のときに友達とけんかになり、仲が悪くなってしまったことです。誤解から始まった喧嘩がこじれてしまって大変でした。それでも私は人と正面から向き合えるような人になりたいと思い、積極的に話しかけ、仲よくなりました。2つめは、飲食店でのアルバイトに挑戦したときです。初めの頃は、怒られるのに慣れていなかったので苦労しました。しかし、お客様は神様です。この状況をなんとかしたいと思って、先輩に聞きコミュニケーションをとることを心がけました。その結果、店の売上げは上がるようになりました。人の気持ちを考えてコミュニケーションすることを身につけることができました。今では私がいないとバイトが回りません。この経験をいかして、がんばりたいです。

問題1 この自己PRの問題点をできるだけ多く指摘してください。また、その理由をあげてください。

問題2 この自己PRを、テーマを絞りこんで書き直してください。その際、不足している情報は想像で補ってかまいません。

> **課題4** テーマを絞りこんで具体的に書こうとした自己PR
>
> 　次の自己PRは、大学3年生の鈴木さんが、神戸牛を日本全国に販売する地元企業のインターンシップに応募するために書いた自己PRです。「1つのテーマを設定し、数値を入れるなど具体的に書いてください」と書かれていたので、それを意識したのですが、面接で「何をアピールしたいのかわからない」と言われてしまいました。
>
> 　私は商品企画を研究テーマにしており、ゼミで陶器アイスカップ開発に取り組みました。「消費者が本当に求めるモノを作る」を目標に友人や知人26名に対して質問紙を使った聞き取り調査をしました。これは22日間かかりました。そして、ターゲットを女子大学生と子どものいる主婦の2つにし、アンケートを300枚ほど配りました。その結果、兵庫県篠山市の陶器メーカーで、私たちが提案したものが商品化されました。そして、学生による商品企画というテーマで38チームが参加したプレゼンテーション大会で、私は人前に立つのが苦手だったので、プレゼンターに立候補しました。不安でいっぱいだったが、成功させたいと思い5日間練習しました。その結果、3回失敗したけど、本番では審査員3人からほめてもらって自信につながりました。この経験をいかして何事も積極的に挑戦していきたいです。

問題1　この自己PRの問題点をできるだけ多く指摘してください。また、その理由をあげてください。

問題2　この自己PRを、必要な数値を効果的に示し、数値以外の具体的な根拠も入れながら書き直してください。その際、不足している情報は想像で補ってかまいません。

13課　自分を表現する

> **振り返り**
>
> 　この課で学んだことをふまえ、自分の自己PRを書いてください。どのような機会に提出する自己PRかは自由に設定してかまいませんが、自分自身のこれまでの経験に基づいて、自分の人柄や能力をアピールしてください。

多くの新入社員は非を認めるのが苦手です。この一点に問題が集約されるのではないでしょうか。求められた情報を簡潔に出すという訓練ができていないので、「自分はこういうつもりだった」のような自分を正当化する説明がいちいち入ります。データを客観的に出すことと、よく思われたいという欲を消すことが必要だと感じます。こういう指摘をするのも非常に疲れるので、これ一つができるかどうかで仕事のやりやすさが違ってくると思います。

製造業、30〜34歳、男性

ステージ3 まとめ

> **課題1　各課の振り返り**
> 10課〜13課での学習を通して、どのような文章表現力が身についたかを振り返りましょう。個人でまとめたあと、グループで確認してください。

10課　表現の基礎(3)―わかりやすい文章を書く―
11課　アカデミックな文章を書く
12課　企画をアピールする
13課　自分を表現する―自己PR基礎編―

> **課題2　グループワークの振り返り(3)**
> グループワークの回数を重ねると、自分やグループメンバーの新たな一面に気づくことができます。グループワークでさまざまな役割を担うことで、集団の中でどのようにふるまうことがグループの成果につながるか、実感することができます。また、プレゼンテーションは、単に人前で話し、説明することに慣れることが目的ではありません。自分たちが考えたものに対して意見をもらい、それを参考にしてよりよいものを作りあげるための段階でもあります。
> グループワークとプレゼンテーションについて、次の点を振り返ってください。個人で考えたあと、グループのメンバーの意見も聞いてください。

・グループワークでのメンバーからの影響や役割分担の経験から、考え方や感じ方が変化し、以前よりも視野が広がったことが実感できたか。
・聞く人を意識したプレゼンテーションをする姿勢が身についたか。
・プレゼンテーションをすることと、発表内容の理解との関係はどのようなものか。

第 II 部

レポートや論文を書くための
「アカデミック・ライティング」を
段階を踏んで学び、
将来の就職活動につながる
自己 PR についても学びます。

14課 レポートとは何かを知る

> **この課の目標**
> レポートとはどのようなものかを知る。事実と意見の書き分け、説得力がある文章を書くための表現や構成、レポートの基本的な書式を学ぶ。

● レポートとは

レポートとは、客観的な事実に基づいて、自分の考えたことを表現するものです。分量、書式、期限など指定された条件を守ることが大切です。

レポートにはレポートにふさわしい文章の書き方があります。

課題1 次のaとbの文章は、どのような違いがあるでしょうか。それぞれの表現や内容などに、どのような特徴があるか、どちらがレポートにふさわしいかを話し合ってください。

a 『ぐりとぐら』。久しぶりに本屋で見つけて、懐かしくて手に取った。誰もが一度は読んだことがある、児童文学の金字塔ってやつ。私も大好きだったし、今読んでもおもしろかった。読んだら絶対カステラ食べたくなる！　いい絵本は、大人が読んでもおもしろいと思う。

b 『ぐりとぐら』は、1963年に発売されて以来ベストセラーとなっている絵本である。双子の野ねずみが森の中で大きな卵を見つけ、それを使ってカステラを焼くという単純な物語である。繰り返し出てくる「ぐり、ぐら、ぐり、ぐら」が文章にリズムを与える。優れた絵本に何が必要かを考えるヒントになる。

自分の考えたことを人に納得してもらうには、客観的な事実を根拠とし、それに基づく意見を示す必要があります。

> **課題2**　浅越高校では生徒たちが学校の制服のデザインを変更したいと考えています。そこで、生徒会長の安田さんが生徒を代表して校長先生に次のような話をしました。
>
> > 「おしゃれな制服の学校が増えてきてるのに、うちの高校の制服は時代遅れで、ダサい感じがします。1年から3年の生徒に聞いたら制服がおしゃれになればうれしいと言ってました。お母さんにも言ってみたら、高くなければおしゃれなほうがいいねって言ってくれています。制服がおしゃれになると高校の人気も上がる気がします。先生、制服を変えてください。」
>
> 　安田さんの伝え方では、説得力がなかったようです。どの部分をどのように変えれば説得力が増すか、話し合ってください。

　相手を説得するときに客観的な根拠が必要なのは、レポートで何かを主張するときでも同じです。
　第Ⅰ部で身につけた「表現の基礎(1)〜(3)」の内容や、情報を整理して正確に伝える力、読み手への配慮もレポートにいかしましょう。

● 事実と意見の書き分け

　大学で求められるレポートなどの文章や、その文章を書く技術をアカデミック・ライティングといいます。
　アカデミックな文章を書くためには、根拠となる事実と意見を明確に区別する必要があります。事実と意見を区別して示す力は、社会に出てからも役に立ちます。

事実　何らかの証拠に照らして、客観的に真偽を決めることができるもの。
意見　書き手の判断や推測を述べたもの。真偽が決められるものではなく、その主張が妥当かどうかが問題となる。

　たとえば、「りんごが 100 円である」は事実、「100 円は安い」「100 円は高い」は意見、「昨日は 120 円だった。100 円は安い」は、事実に基づいた意見といえます。

> **課題 3**　次の a ～ c の文は、事実と意見のどちらを書いたものでしょうか。
> a　日本社会は少子化問題に対して取り組むべきである。
> b　寺田出版株式会社は兵庫県赤岩町にある。
> c　2011 年 8 月の選挙では投票率が 70％と高かった。

● 客観的な表現

　客観的な事実を書くときには、それにふさわしい表現を使う必要があります。たとえば、「僕は～と思う」「以上が私が考えたことである」といった主観的な表現ではなく、「～によると～である」「～では～となっていることから、～といえる」のような客観的な書き方をする必要があります。

● レポートの構成

　レポートを書くときは、思いつくままに書くのではなく、構成をたててから書きましょう。このテキストでは、「序論」「本論」「結論」の 3 部構成を学びます。3 部構成は、事実に基づいて自分の考えを主張する「論証型レポート」を書くときに一般的に使われます。序論でレポートの内容の背景を説明し、本論で根拠と主張を示し、結論で本論の内容をまとめます。

　なお、レポートには指定された本について書く「ブックレポート」や、調査した結果について書く「報告型レポート」などもあります。どのレポートでも構成を考えることは重要です。

[3部構成]
序論 レポートのテーマについて、現状、歴史、問題となっていることなどを紹介したうえで、自分が何を問題とするのかを書く。
　　　レポートによっては、研究方法やレポートの構成についても書く。
本論 客観的な事実を根拠とし、それに基づく意見を書く。
　　　それらをふまえ、最も伝えたい自分の主張を示す。
結論 本論の内容をまとめる。

> **課題4** 次の文章を、「序論」「本論」「結論」の段落に分けてください。
>
> 　近年、恋人を作らない若者が増えている。若者はなぜ、恋人を作らないのだろうか。若者が「恋人」という存在をどのように考えているのかを調べた。まず、恋人がほしいか聞いてみると、「ほしいけど、面倒くさい」「自分が自由にできるならいてもいい」という答えが多い。つまり、自分の自由を奪われることに抵抗を感じているといえる。次に、最近の若者の友人関係についてアンケート調査した結果、友人関係が広く浅い傾向があることがわかった。つまり、深く付き合うことを望んでいないということである。以上のことから、最近の若者が恋人を作らないのは、自分の時間を好きに使いたいという思考と人間関係の浅さが原因と考えられる。多くの若者は、恋人は自分の自由と引き換えにしなければならない相手と考えていることがわかった。

● 表現例（特に関係の深い課を示しています）

事実の説明の際の表現（16課）
〜である／〜だった／〜と言われている／〜と知られている／動詞・形容詞の言い切り（「調査した」「低い」など）

意見を述べる際の表現（16課）
〜と考えられる／〜と思われる／〜だろう／〜なければならない／〜とする必要がある／〜ではないだろうか／〜は妥当である／〜と予想される／〜と考察する／〜を指摘する／〜と判断する／〜といえる／〜とはいえない／〜という可能性がある

解釈の際の表現（16・17・19課）
ここから〜ということがわかる／つまり〜といえる／これは〜を意味している／これは〜を示している／このことは〜を表している／〜がうかがえる／〜が認められる／〜の傾向がある／〜と示唆される

引用の際の表現（17課）
〜は、〜と述べている／〜は、〜と指摘している／〜には、〜と述べられている／〜では、〜とされている／〜によると、〜ということである

数値に関する表現（19課）
増加している／減少している／変化がない／（割合が）高い・低い／〜に達する／〜にものぼる／〜を上回っている／〜にすぎない／〜にとどまる／〜を下回っている

論の展開をわかりやすくするための表現（16課）
ここ（本稿、本章、本レポート）では｛〜について述べる／〜を説明する／〜を概観する／〜を検討する／〜を分析する｝ 以上（本章、前章、本レポート）では｛〜について述べた／〜が明らかになった｝ 次章（次節）では｛〜について述べる／〜をとりあげる｝ 図（表）1を見られたい

接続表現（10課）	
順接	したがって／そこで／すると／以上のことから／そのため
逆接	しかし／ところが／それに対して／だが／とはいえ
添加	そして
累加	そのうえ／しかも／それに／ひいては
換言	つまり／すなわち／いいかえると／いわば
例示	たとえば／実際
並列	および／かつ／ならびに／なおかつ
選択	または／あるいは／ないしは
列挙	まず／つぎに／また／さらに／はじめに／つづいて／最後に
転換	ところで／では
対比	一方／逆に／それに反して／他方／反対に
補足	ただし／ただ／なお／もっとも
まとめ	以上のように／このように

[一般的な書式]

　レポートを提出する際の一般的な書式を紹介します。指定がある場合はそれに従ってください。

1．用紙　　　　　Ａ4縦長横書き
2．字数・行数　　1行40字程度・1ページ35行程度
3．余白　　　　　上下左右25〜30mm程度
4．文字の種類　　本文は明朝体（題字などはゴシック体も可）
　　　　　　　　　字の大きさは10.5〜11ポイントが基本
　　　　　　　　　数字は横書きでは算用数字が基本
5．ページ番号　　表紙以外の各ページの中央下部につける
6．添付　　　　　目次、参考文献、注、資料（未使用アンケート用紙、実験の結果一覧など）

15課 テーマを絞りこみ、資料を探す

> **この課の目標**
> レポートのテーマを決める際の注意点を知り、レポートを書くために必要な資料収集の方法を身につける。

● レポートのテーマ

　レポートのテーマは、具体的に指定されている場合と、ある範囲のなかで自由に決めてよい場合があります。まず、どのようなレポートを書くことが求められているか把握しましょう。いずれにしても、レポートは、授業で扱った内容にとどまらず、より広い知識や深い理解に基づいて書くことが求められます。

> **課題1**　自分でテーマを決めてよいレポートで、次のa～cのテーマでよいレポートが書けるかを話し合ってください。
> a　日本の宇宙飛行士で宇宙に行った人は何人か(「科学技術概論」のレポート)
> b　野球とサッカーはどちらがおもしろいか(「日本文化論」のレポート)
> c　大学生が朝食を食べない理由(「社会学」のレポート)

[テーマ選びのポイント]

・出された課題に適しているか
・具体的か
・趣味や嗜好の範囲内でとどまっていないか(社会性・客観性があるか)
・論理的な主張ができるか(論理展開があるか)

「いじめについて」「日本文化の特徴」などは、考える範囲が非常に広く、レポートとしてまとまりにくい場合があるので、具体的なテーマに絞りこんだほうがよいでしょう。

● テーマを絞りこむ
　次の1～3では、「食文化」に関するレポートを書くよう指示された場合に、テーマを絞りこんでいく過程の一例を示しています。

1. 課題を把握する
〈例〉「授業で食文化をどのように説明していたか」「食文化とは何を指しているのか」「食文化に関して最近問題になっていることはないか」

2. さまざまな観点から具体的なテーマを考える
〈例〉「『お弁当』はいつ生まれたか」「海外の和食は日本人が作っているのか」「文学のなかの食事はどのように描かれているか」「調理器具の自動化はどの程度進んでいるか」「世界の長寿国と日本の長寿県の食生活の違いは」「『和食』の定義とは」

　［観点のヒント］
　　a　情報の整理
　　5W1H（いつ、どこで、誰が、何を／何が、どのように、なぜ）
　　b　さまざまな分野との関係
　　思想・歴史・地理・社会・自然・技術・産業・芸術・言語・文学・心理・政治・法律・経済・国際関係・教育・医学・工学・科学・音楽・メディア・情報・環境・そのほか
　　c　問題意識をもつ
　　ほかではどうか（比較）・どのような意味か（定義）・由来はどうか（経緯）・どのようにして（方法）・本当か（信憑性）・どうすべきか（当為）

3. 社会性・客観性があるか、論理展開が可能かを考える

> **課題2** 授業で「インターネット社会に関するレポート」という課題が出されました。グループ内で、テーマを絞りこむ作業をしてください。なるべく多くのアイデアを出し合ってください。その後、「具体的か」「論理的な主張ができるか」など、レポートのテーマとしてふさわしいかどうかを話し合ってください。

〈アイデアの展開の例〉

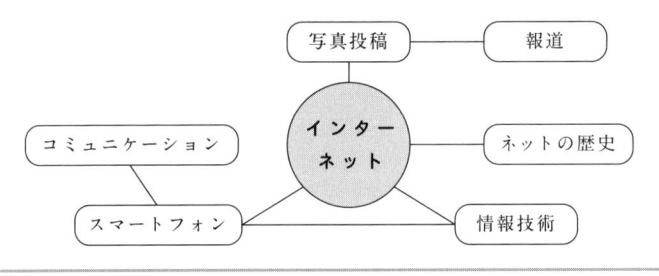

インターネット — 写真投稿 — 報道
インターネット — ネットの歴史
インターネット — 情報技術
インターネット — スマートフォン — コミュニケーション

テーマについては3部構成の「序論」で説明します。

> **課題3** 高原さんは、課題2で課されたレポートで、「大学生のSNSの使用実態」というテーマで書くことにしました。SNSの1日の使用回数などをアンケート調査し、大学生とSNSの関係について書くつもりです。次の文章は、高原さんが序論として書いた部分です。書き直したほうがいいところや足りない内容はないかを話し合ってください。

　このレポートではインターネット社会についてとりあげる。授業ではインターネットについていろいろ勉強した。自分たちにとってはインターネットは物心がついたころからあり、生活の一部になっている。しかし、自分の身近にあるインターネットといえばスマホである。インターネットについて考えるならば、スマホやSNSについて考えることは欠かせない。
　授業中に話題になった「忘れられる権利」は私たちの生活のなかで重要になってくるはずである。

● 資料を探すことの意義
　レポートや論文の作成は、関連する資料を探し、集めることから始まります。資料を探すということは、客観的な情報を探すということ、その分野にまつわる歴史や現状、蓄積された研究成果などを調べるということです。調べていると、その分野でどのようなことが問題になっていて、何が明らかにされていないかもわかってきます。新たな疑問が生じ、テーマを修正することになる可能性もあります。資料を探す際、インターネットは便利ですが、情報の信頼性に問題がある場合もあります。まずは文献を探しましょう。

● 書籍や論文を探す方法
1. 最初の手がかりを決める
　具体的なテーマが決まったら、図書館の OPAC (Online Public Access Catalog) で文献を探す。目次などを参考にして自分のテーマと関連の深い書籍・論文を選び、目を通す。授業の教科書や参考文献でもよい。
2. 「参考文献」や「注」を見る
　専門書・論文などには、その文章を書くために参考にした文献やサイトが参考文献一覧や注に掲載されている。1で選んだ文献に掲載されている参考文献を見て、自分のテーマに関連しているものをいくつか選ぶ。
　資料のなかでほかから引用されている特に重要な情報は、一次資料を確認する。一次資料とは、実験や統計のデータ、用例の情報が最初に掲載されている資料のことである。
3. 2の作業を2～3回繰り返す
　2で選んだ文献にも注や参考文献一覧がついている。複数の文献に参考としてあげられている資料などを選び、内容を確認する。

● インターネットを利用して資料を探す
　インターネットも使い方に気をつければ有益な情報を得ることができます。ただし、情報がどの程度信頼できるものかをしっかりと見極める必要があります(11課参照)。また、アクセスした日付やサイト名を忘れないように記録しましょう。信頼性の高いサイトの代表例を次にあげます。

［インターネットにおける信頼性が高いとされる情報源］
・政府・省庁のホームページの白書や統計(ドメインが「go.jp」のもの)
・学術機関のホームページ(ドメインが「ac.jp」のもの)
・自治体のホームページ
・民間のシンクタンク(総合研究所など)のホームページ
・新聞のデータベースや学術論文のデータベース(CiNii など)

［検索のヒント］
　OPACの検索やインターネットの検索エンジンで、1つの単語で検索すると、必要な情報を得るまでに時間や手間がかかることがあります。複数の検索ワードを組み合わせて検索する、次のような方法も活用しましょう。
・AND 検索〔a AND b〕a、bどちらの語句も含む記事を検索
・OR 検索　〔a OR b〕　a、bのどちらか一方でも含む記事を検索
・NOT 検索〔a NOT b〕aは含むがbは含まない記事を検索

> **課題4**　グループでテーマを決めてください。そのテーマについて、書籍、雑誌、新聞、論文、統計など、なるべく幅広い資料を持ち寄ってください。

●書誌情報(タイトル、著者名、出版社、出版年など)
　参考にした書籍やインターネットサイトは、レポートに「参考文献」として掲載する必要があります。そのために、書籍やサイトについての情報は保管しておくことが必要です。

・書籍
　著者名、出版年、書名(『　』をつけることもある)、出版社など。これらの情報は本の最後の「奥付」というページに掲載されている(奥付は課題5およびこのテキストの巻末参照)。
〈例〉
　三浦順治(2012)『グローバル時代の文章術Q&A 60』創拓社出版

・雑誌論文・記事

　著者名、出版年、論文(記事)タイトル(「　」をつける)、雑誌名・論文集名(『　』をつけることもある)、巻数、号数、出版社、掲載ページなど。

〈例〉

　　勝野頼彦(2015)「新しい時代に求められる資質・能力とは」『月刊高校教育』48(6)、学事出版、pp. 22-25

・インターネットサイト

　サイトの表題や運営者、記事タイトル(「　」をつける)、URL、情報取得年月日など。インターネットの情報は改変される可能性もあるので、参考にするページそのものを印刷して保存しておく。近年、雑誌に掲載された論文や記事がサイトで閲覧できることが多い。そのような論文や記事の場合、URLだけではなく、論文や記事が掲載されている雑誌名や号数なども書く。

〈例〉

　　文化庁(2014)「平成25年度『国語に関する世論調査』の結果の概要」
　　　http://www.bunka.go.jp/tokei_hakusho_shuppan/tokeichosa/kokugo_yoronchosa/ (情報取得日 2015年9月8日)

　　洞澤伸・高木穂菜未(2012)「若者たちにおける「-じゃないですか」のコミュニケーション機能」『岐阜大学地域科学部研究報告』31, pp. 25-41, http://repository.lib.gifu-u.ac.jp/handle/123456789/44378 (情報取得日 2015年2月23日)

・新聞記事

　タイトル(「　」をつける)、新聞名(本支社名)、年月日、朝刊・夕刊、版、面。

〈例〉

　　「『おもてなし』認証　訪日客の接客評価制度創設」読売新聞(大阪本社) 2015年8月22日朝刊13版8面

● 注

　注の示し方は研究分野によって異なります。指定されている場合はそれに従ってください。

　注は、本文の理解を助けるための詳細な情報などがある場合につけます。必要なことだけを記すようにしましょう。また、参考文献の書誌情報を注としてつける分野もあります。本文中の該当箇所に通し番号をつけ、その説明の文章を「注1」「注2」といった形で書きます。同じページの欄外に書く「脚注」と、本文の最後にまとめて書く「末尾注」があります。

● 参考文献

　参考文献の示し方も、研究分野によって異なります。厳密に分けると、直接引用したものを指す「引用文献」と、引用はしていなくても参考にした「参考文献」がありますが、ここでは一括して「参考文献」として扱います。

　参考文献は、注につける場合と、レポート・論文の最後にリストにして掲載する方法があります。右ではリストの一例をあげます。

> **課題5**　次の「奥付」から必要な情報を抜き出し、参考文献のリストに示す形で書いてください。出版年に注意してください。
>
> ### 日本語を書くトレーニング
>
> | 発行日 | 2003年3月20日　第1版　第1刷　2013年3月27日　第1版　第9刷
2014年12月5日　第2版　第1刷 |
> |---|---|
> | 定価 | 1000円＋税 |
> | 著者 | ©野田尚史・森口稔 |
> | 発行者 | 松本　功 |
> | デザイン・組版 | 吉岡　透(ae)／cue graphic studio |
> | 印刷所・製本所 | 三美印刷株式会社 |
> | 発行所 | 株式会社ひつじ書房
〒112-0011　東京都文京区千石2-1-2　大和ビル2F
Tel. 03-5319-4916　Fax. 03-5319-4617
郵便振替 00120-8-142852 |

15課 テーマを絞りこみ、資料を探す　113

〈参考文献リストの例〉　著者名の五十音順で並べる。

参考文献

石黒圭(2004)『よくわかる文章表現の技術Ⅰ』明治書院

石黒圭(2012)『正確に伝わる！ わかりやすい文書の書き方』日本経済新聞出版社

> 同じ著者の文献は出版年順で並べる。

エコ, ウンベルト(谷口勇訳)(1991)『論文作法—調査・研究・執筆の技術と手順—』而立書房

三森ゆりか(2013)『大学生・社会人のための言語技術トレーニング』大修館書店

> 『 』は本や雑誌のタイトルにのみ使われるなど、記号には使い分けがあるので注意する。

新村出(編著)(2008)『広辞苑（第六版）』岩波書店

浜田麻里・平尾得子・由井紀久子(1997)『大学生と留学生のための論文ワークブック』くろしお出版

森山卓郎(2003)『コミュニケーション力をみがく日本語表現の戦略』NHK出版

Strunk, W., Jr., & White, E. B.(1999). *The Elements of Style, Fourth Edition*. London: Longman.

> 英語の文献はタイトルをイタリック体にする。海外の文献が複数ある場合、別にまとめる、50音順のなかに入れるなど、いくつか方法がある。

参考サイト

弘前大学人文学部社会言語学研究室「減災のための『やさしい日本語』」

http://human.cc.hirosaki-u.ac.jp/kokugo/EJ1a.htm

（情報取得日 2016年1月9日）

文化庁(2015)「平成26年度『国語に関する世論調査』の結果について」

http://www.bunka.go.jp/tokei_hakusho_shuppan/tokeichosa/kokugo_yoronchosa/

（情報取得日 2016年1月9日）

> インターネットサイトをまとめて示す。

16課 論拠を示す

> **この課の目標**
> 論拠とは何かを学ぶ。データ、解釈、意見の関係性を理解し、適切な論拠を示す力を身につける。

● 論拠とは

　レポートで自分の考えを主張するためには根拠が必要です。その根拠を「論拠」と呼びます。論拠は、客観的な事実と、その事実に基づく意見を組み合わせたものです。説得力を高めるには、適切な論拠が複数必要です。

　論拠に使われる客観的な事実を、ここでは「データ」と呼びます。データと「意見」の間には「解釈」が必要です。解釈は、データと意見をつなぐために、データを自分の言葉で説明したものです。データをどのようにとらえるか、データのどの部分に着目するかを示します。

　たとえば、「グリーンカーテンを今後もさらに普及させていくべきである」という主張の論拠の1つとして次のようなものが考えられます。

〈例〉近年広まった「グリーンカーテン」は、へちまやゴーヤなどのつる植物を窓の外に設置した網にはわせて育て、カーテンのようにするものである。室内への日差しが遮られることで室温の上昇が抑制される。これによって夏場に冷房の使用を控えたり、冷房の設定温度を高めに設定したりすることにつなげる取り組みである。【ここまでが「データ」】　つまり、身近な植物を育てることを利用した節電の取り組みであるといえる。【ここまでが「解釈」】　誰もが育てやすい植物を節電に利用できることが、普及した原因と考えられる。【ここまでが「意見」】

［データの種類］
1. 文章　　　　本や論文などから引用した文章(17課参照)。
2. 数量・数値　統計や調査によって得られた数量・数値。公表されている調査結果の引用や、自分でおこなったアンケート調査の結果など(18・19課参照)。
3. 事柄　　　　一般的に誰もが知っていると判断される事柄。
　　　　　　　〈例〉大阪は東京と並ぶ日本の大都市圏を形成している。
　　　　　　　　　　2014年にソチオリンピックが開催された。

> **課題1**　次のa・bについて、まず個人で、データ例のいくつかを選び、それぞれに解釈と意見を加えて論拠を作ってください。次にグループで、その論拠が適切かどうか、説得力があるかどうかを話し合ってください。
>
> a 〈主張したいこと〉
> 　大学生はアルバイトをするべきである。
> 　〈データ例〉
> ・アルバイトをするとお金を稼ぐことができる。
> ・アルバイト先では、大学では出会えない人に出会える。
> ・社会で働く経験ができる。
> ・社会人としての言葉づかいや礼儀が学べる。
>
> b 〈主張したいこと〉
> 　グリーンカーテンを日本のすべての小学校に取り入れるべきである。
> 　〈データ例〉
> ・グリーンカーテンは、植物を育てて作る。
> ・グリーンカーテンに使われる朝顔などは、比較的栽培がしやすい。
> ・教室の気温が高すぎると、生徒の集中力が低下する。
> ・学校の光熱費には税金が使用される。

● 構成を考える
　14課で学んだ序論・本論・結論という3部構成に従って、自分のレポートの構成を考えてみましょう。論拠は本論に書きます。

〈レポート「グリーンカーテンの現状」の構成の例〉

序論　節電対策は2011年度以降急速に広まったといわれる。
　　　グリーンカーテンは実際にどのくらい広まったのか。
本論　論拠1
　　　　データ　　全国の約8割の都道府県内で実施され、政令指
　　　　　　　　　定都市では約9割が実施(国土交通省)
　　　　意　見　　広まっているといえる
　　　論拠2
　　　　データ　　大学生へのアンケートの結果、体験者は7％
　　　　意　見　　広まっているとはいえない
　　　⇒公共機関では実施されているが、個人での実施は少ない
結論　個人レベルで広まっているとはいえない。

(⇒付録［レポートの構成表］)

● 論拠を考える練習のために

　論拠は説得力のある主張をするために質・量ともに重要です。考えるきっかけとして、ディベートを利用する方法もあります。ディベートは、2つの立場に分かれて、どちらの主張がより説得力があるかを競い合う討論ゲームです。

［ディベートの手順］
1．全体の時間を考慮して、主張を述べる時間の長さや、反論の時間を設けるかどうかなどを決めておく。
2．論題に対して肯定・否定、意見A・Bなど、2つの立場に分かれる。
3．それぞれの立場で主張するために、さまざまな観点から論拠となるデータを集め、聞き手に納得してもらえるように準備をする。
4．決められたタイムテーブルどおりに、交互に主張と論拠を述べ合う。
5．どちらに説得力があったかを、聞き手が多数決で決める。

　実際のディベート大会などでは厳密なルールがありますが、授業内でおこなうディベートは、状況に合わせて適宜ルールを決めるとよいでしょう。

〈タイムテーブルの例〉

主張と論拠	各3分	立場A ・ 立場B
質疑準備	2分	
質問	各2分以内、あるいは質問2つ以内	立場B → 立場A 立場A → 立場B
反論準備	2分	
反論または主張の補強	各3分	立場A ・ 立場B

> **課題2** 興味のあるテーマで関連するデータを集め、グループ内でディベートをしてみてください。ディベート後、より説得力があったと思うほうの立場の主張、論拠の内容を文章にまとめてください。その際、3部構成を意識して、必要な内容を補ってください。
> 〈テーマ例〉「富士山の入山料は義務化するべきか」
> 　　　　　「コンビニエンスストアは深夜営業をやめるべきか」
> 　　　　　「幼稚園を義務教育に含めるべきか」
> 　　　　　「監視カメラを街に増設するべきか」
> 　　　　　「安楽死を認めるべきか」

17課 文献から引用する

この課の目標
　レポートを書く際、主張の論拠を示すために欠かせない引用について学ぶ。引用の決まりを知り、基本的な方法を理解し、身につける。

● 引用とは

　引用とは、主張の説得力を高めるために、ほかの人の文章や調査などの事例を使うことです。引用には、原文をそのまま掲載する原文引用と、自分の言葉でまとめ直す要約引用の2つの方法があります。

● 引用の方法（方法は分野によって異なる。）

1．原文引用（そのままの文を掲載する方法）

a　短い原文引用

　　本川(1992)は、「小さい動物は個体数が多いし、大きいものは少ないように感じられる」(p.51)と述べている。

　　本川(1992:51)は、「小さい動物は個体数が多いし、大きいものは少ないように感じられる」と述べている。

b　長い原文引用

　　本川(1992)は、動物の移動する速度と、それぞれの動物のサイズとの関係について次のように述べている。

　　　走ったり歩いたりする速度は、一歩の歩幅に比例する。これは自分で試してみればすぐに分かることだが、ゆっくり歩くときよりも速く歩くときの方が、一歩の長さが長くなるし、走れば

さらに歩幅が伸びる。(p.58)
つまり、速く走るためには一歩の歩幅を伸ばせばよいということである。

2．要約引用（自分の言葉でまとめ直して掲載する方法）
　本川（1992）によると、動物の移動する速度は一歩の歩幅に比例し、動きが速くなれば歩幅が伸びるという。

［主な引用表現］（○○には著者名が入る。）
・○○（出版年）によると〜という。
・○○（出版年）は〜と述べている／〜と指摘している。
・○○（出版年）では〜とある。

課題1　レポートで、「サンゴの生態」についてとりあげる予定です。「このことから、同じ種類のサンゴであっても、環境によって大きく形が変化することがわかる」という解釈につながるよう、次の原文から引用します。引用には、長い原文引用と、はじめの2文までを使った短い原文引用の両方を作成してください。

［原文］（本川達雄（1992）『ゾウの時間ネズミの時間―サイズの生物学―』、（中公新書）中央公論新社、p.171）
　サンゴは木と同じように光を必要とする。だから外形も木とよく似てくる。ちょうど木のように枝分かれした物や、葉っぱのような形のサンゴがあるが、限られた固着面積で、なるべく光を受ける面積を大きくしようとすると、このような形になるからである。

課題2　レポートで、課題1の原文のはじめの2文までを要約引用したいと考えています。どのように要約できるかを話し合ってください。

[引用の決まり]
1．原文引用でも要約引用でも、引用した箇所はどこからどこまでかを明らかにしなければならない。
2．原文引用でも要約引用でも、引用では出典(引用した本やサイト)の情報を示さなければならない(15課参照)。示し方には次のaやbの方法があり、分野によって異なる。
　　a　本文中には［著者名・出版年・(書名)・(原文引用の場合、引用したページ)］を書き、詳しくは参考文献一覧に書く。参考文献一覧で情報が複数行にわたる場合、2行め以降は1字下げにして示す。
　　b　本文中には注番号をつけ、注のなかで参考文献の詳しい情報を示す。
3．短い原文引用の場合、「　」を使って語句や文をそのまま掲載する。
4．長い原文引用の場合、改行し、行頭を2字程度空けて書く。
5．原文引用の文は表記や句読点も含め、もとの文章の通りに書く。ただし次のような場合、変えることがある。
　　a　途中を省略して引用する場合、その箇所に(中略)と示す。
　　b　原文引用の文に下線や点などを加える場合、そのことを知らせる。
〈例〉
　　　本川(1992)は、「サンゴは木と同じように光を必要とする。」(p.171、下線は筆者による)と述べている。

● なぜ引用するのか
　主張の説得力を高めるために、これまでにほかの人がおこなった調査や研究(先行研究)から引用することは効果的です。たとえば自分の考察や分析がほかの事例にも当てはまることを示すために、自分の調査とは異なる世代や地域についての調査や、研究所などで大規模におこなわれた調査の結果を引用する方法があります。ほかには、自分とは対立する考えが述べられた先行研究を引用する方法もあります。この場合、レポートを書く目的が先行研究への反論であることを明確にできます。

課題3 次の文章は、ある学生の書いたレポートですが、資料や情報が不足しており、説得力が弱いようです。

> 家にある電話は、両親などに聞くと、もともと「電話」とだけ呼ばれていたそうだ。しかし近年は、「家電」と呼ぶ人が増えているように感じる。これはテレビでも解説されていたが、「携帯電話」の普及とともにできた呼び名らしい。一体いつごろからなのか気になるところである。
> 周りの友人にも携帯電話しか使っていないという人が多い。今の小学生は私たちが小さい頃よりもっと多く使っているようなので、これからの時代、ますます「家電」のほうが特別になるかもしれない。社会人がどうかは調べられなかったが、駅やデパートなどでも携帯電話を使っている人を多く見かけるので、この考えは間違いとは言えないだろう。

次のa～eのうち、このレポートに引用するのに適切なものを選び、その理由も考えてください。またどの部分に入れるとよいかについても話し合ってください。
a 携帯電話の使用者数と使用目的を世代別に分析した論文
b 携帯電話をいつ頃から持ち始めたかについての友人のコメント
c ある小学校での携帯電話所有率の調査(2005年より毎年実施)
d 携帯会社による使用者数の推移をまとめた報告書
e 社会人の親戚から聞いた携帯電話を使う場面についての話

● 剽窃(盗用)をしてはいけない理由

引用は正しい決まりに従わなければ、盗用になる可能性があります。引用する文章は、たとえそれが辞書や教科書のようなものであっても、ほかの誰かが調べて考えた内容です。すなわちそれは、その誰かの生み出した知的財産として尊重するべきものです。そのため、あたかも自分で調べて考えたこ

とのように書いては、他人のものを無断で使用したことになります。意図していなくても結果的に盗用したように見える箇所があると、書いたもの全体の信用度が低くなります。

インターネット上にある情報には、誰の言葉であるか、何というタイトルの文章であるか、またいつ書かれたかなど、引用する際に必要な情報が明らかでない場合があります。その場合、引用するには適切ではありません。

> **課題4** 下の原文を引用した次のa〜dには、引用の決まりに従っていない箇所があります。どの部分が適切でないかを話し合い、正しく書き直してください。
>
> [原文]（秋元美晴（2002）『日本語教師・分野別マスターシリーズ よくわかる語彙』、アルク社、p. 43）
> 日本語を学習する外国人を対象として、日本語の能力を測定し、認定することを目的として1983年から毎年1回日本語能力試験が実施されている。1級から4級まである級の中で、特に1級と2級は外国人留学生の大学などの入学選考にも活用されている。
>
> a 秋元先生も書いていらっしゃるように、日本語能力試験の1級と2級は特に外国人留学生にも活用されているのだ。
> b 秋元（2002）によると、30年ほど前から「毎年1回日本語能力試験が実施されている」(p. 43)（秋元2002）のである。
> c 秋元（2002）は、「1級から4級まである級の中で、特に1級と2級は外国人留学生の大学などの入学選考にも活用されている。」(p. 43)
> d 日本語を学習する外国人を対象として、日本語の能力を測定し、認定することを目的として1983年から毎年1回日本語能力試験が実施されているそうだ（秋元2002）。

課題5 レポート作成に向けて、グループで持ち寄った資料から、自分たちが述べたい内容に関連する箇所を正しく引用してください。その際、短い原文引用、長い原文引用、要約引用のすべての方法を使ってください。

大学の文章表現教育に望まれるのは、文章表現力を学ぶ過程の中で、情報収集能力と自分の学びをアウトプットする練習である。何が事実で、何が主観かの切り分けをし、しっかり人に伝わりやすい表現を学んでほしい。

複合サービス業、25〜29歳、男性

形式の整った文章を書く習慣が多くの新卒者にはない。その研修をするのに時間がかかる。日頃の鍛錬が必要だと思う。

サービス業、30〜34歳、男性

18課 アンケート調査をする

> **この課の目標**
> 数量・数値のデータを得るためのアンケート調査について、手順やふさわしい表現を学び、調査を適切に実施する力を身につける。

● レポート執筆におけるアンケート調査の意義

　人の行動や考えに関することを自分の推測や感覚だけで断定するのは危険です。そこで、たとえば「現代人はインターネットに依存している」「ゲームを趣味とする若者が多い」といったことを主張の根拠とするためには、それが事実であることを、アンケート調査で得た数量・数値のデータによって示す方法があります。小規模な調査でも、たとえば50人中45人が肯定していれば、自分1人の推測に比べると信頼性が高くなります。

● アンケート調査の基本

　アンケート調査は、回答者に負担をかけるものです。したがって、回答者の負担が大きくならないよう配慮するとともに、結果が有効にいかせるよう、充分な準備をおこなうことが大切です。実施したあとにどのようなグラフにし、どう分析するかまで考えて、調査計画を練りましょう。

● 基本的な情報の記録と用紙の保管

　調査時期、調査人数、有効回答率（全回答から無効な回答を除いた有効な回答の割合）を記録します。有効回答率があまりに低い場合は、アンケートの内容や方法に問題がある可能性があるため、信頼性が低くなります。

　回収したアンケート用紙は、必要がなくなるまで保管しておきましょう。レポート提出時には、アンケート用紙の見本を資料として添付します。

●アンケート調査用紙に必要な内容
アンケート調査の質問用紙には、設問以外に次の要素が必要です。
・あいさつ文(自己紹介や調査の目的など)
・フェイスシート(回答者の性別や年齢などについての質問)
必要に応じて、調査者の連絡先を記すこともあります。

> **課題1** 大学生の松本くんは、レポートのために、同じ大学の学生を対象としてアンケートを実施する予定です。次の文章はアンケートの設問に入る前の部分です。改善したほうがいいところを考えてください。
>
> **★大学生の「おはよう」の使い方についてのアンケート★**
> 　　　　　　　　　　　　　　　　　　　　○○大学　松本
>
> 大学生が昼でも「おはよう」とあいさつすることなどを調べるためのアンケートです。レポートのために必要なので、協力よろしくお願いします。本当のことを書いてください。よろしくお願いします。
>
> 年齢　(　　　)歳
> 学年　(　　　)年
> 学部　(　　　)学部

●個人情報保護について
　アンケート調査では、分析に必要のないことを聞くべきではありません。個人情報の保護は法律でも定められています。アンケート用紙には、回答の扱いについて、個人情報の保護に配慮することを明記します。ただし、氏名などを聞かないのに、仰々しい断り書きをつける必要はありません。何より大切なのは、集めた回答用紙を慎重に扱うことです。

> **課題2** 次のaとbでは、どちらのほうが答えやすいでしょうか。また、自分が調査者だとすると、どちらのほうが調査結果を整理しやすいでしょうか。それぞれの理由も考えてください。

a ふだん、どのくらいスポーツをしますか。
〔　　　　　　　　　　　　　　　　　　　　　　　〕
b 部活動や授業以外で、どの程度スポーツをしていますか。最も近いものを一つ選んでください。
1. 週に3回以上
2. 週に1〜2回
3. 1か月に1〜3回
4. 年に数回
5. ほとんどしない

選択式回答の場合、選択肢の作り方も大切です。

> **課題3** 次に示すのは課題1の松本くんによるアンケートの一部ですが、答えにくそうです。なぜ答えにくいのか考えてください。また、どう直せば答えやすくなるのかも考えてみてください。

大学生が昼でも「おはよう」とあいさつすることをどう思いますか？
1. 大学生らしいのでかまわないと思う
2. 日本語として間違っているので聞いていて気持ち悪い
3. ほかにいいあいさつがないので仕方がないと思う
4. 大学でしか使わないことをちゃんとわかっていて友だちどうしで使っているだけだと思うから別にかまわないと思う
5. 時と場合による
6. その他（　　　　　　　　）

設問文も選択肢も誤解の生じないわかりやすい表現であることが大切です。

> **課題4** 次は、松本くんと同様、あいさつをテーマにして、長野くんが作ったアンケートの設問部分の一部です。課題3の松本くんの選択肢より簡潔で、一見、答えやすそうに見えるのですが、いざ答えを選ぼうとすると選びにくそうです。なぜ選びにくいのかを考えてください。また、どう修正すれば選びやすくなるのかも考えてみてください。
>
> ☆大学で友達に会ったとき、どうあいさつしますか？
> 　・おはよう　　・こんにちは
> 　・いきなり会話に入ることが多い
> ☆朝、家を出るとき、家族にどうあいさつしますか？
> 　・いってきます　　・いってくる　　・場合による
> ☆あいさつは大切だと思いますか？
> 　・とても大切だと思う　・少し大切だと思う　・普通
> 　・あまり大切だと思わない　・大切だと思わない

アンケートの設問の内容や表現に不適切な点があると、回答者に不快感を与えてしまったり、せっかくの調査結果が分析できなかったりします。アンケート用紙を作成したら、調査を実施する前に、わかりにくいところや答えにくいところがないかを誰かに見てもらうとよいでしょう。

> **課題5** 課題4のアンケートの調査結果を、長野くんは次のようにまとめ始めましたが、文が長くなってしまい書きにくかったようです。アンケート用紙でどのようにしておけばよかったのか、考えてください。
>
> 「大学で友達に会ったとき、どうあいさつしますか？」という質

問に対しては「おはよう」という回答がもっとも多く、次に「いきなり会話に入ることが多い」という回答が多かった。「大学で友達に会ったとき、どうあいさつしますか？」という質問に対して「おはよう」や「こんにちは」と答えた人と「いきなり会話に入ることが多い」と答えた人では、その2つあとの「あいさつは大切だと思いますか？」という質問に対する回答に違いが見られた。「大学で友達に会ったとき、どうあいさつしますか？」に対して「いきなり会話に入ることが多い」と答えた人は、「あいさつは大切だと思いますか？」に対して「あまり大切だと思わない」や「大切だと思わない」を選ぶ割合が高かった。

　アンケートの設問や選択肢を作成するときは、その結果をどのように整理し分析するかまで考えておきましょう。

課題6　グループでレポートのテーマに関連するアンケート調査用紙を作成し、調査を実施してください。

〈アンケート調査用紙例〉

大学生の「エコ」意識についての調査
○○大学△△学部1年生　工藤直樹

　この調査は、「△△学部基礎演習」のレポート作成のために、いわゆる「エコ」の意識について調べるものです。回答はレポート作成にのみ使用し、ほかの目的には利用いたしません。御協力よろしくお願いします。

　まず、結果の集計のために、あなた自身についてお伺いします。
　性別（　　　　）　　学年（　　　）年生

　以下の質問について、あてはまるものの記号に○をつけてください。
1．「エコ」を意識しておこなっていることはありますか？
　　　a　ある　　（⇒2に進んでください。）
　　　b　ない　　（⇒3に進んでください。）
2．（1で「a　ある」と答えた方）
　　「エコ」を意識しておこなっていることは何ですか？（複数回答可）
　　　a　エアコンの使用を控える（推奨温度設定も含む）
　　　b　買い物のとき、マイバッグ（エコバッグ）を持参する
　　　c　電化製品の主電源をこまめに切る
　　　d　水筒を持ち歩く
　　　e　その他（　　　　　　　　　　　　　　　　　　　）
3．（1で「b　ない」と答えた方）
　　「エコ」を意識しておこなっていることがないのはなぜですか？
　　（複数回答可）

（　中　略　）

御協力ありがとうございました。

19課 図表を利用する

この課の目標
　数量・数値のデータを示すとき、図表を使うとわかりやすい。図表利用の際の注意点と適切な表現を学び、図表を有効に利用できるようになる。

課題1　次の文章はわかりにくいので、表にしたほうがよさそうです。あいさつをする時間帯による違いと性別による違いの両方を表す表を作ってください。

> 　大学生を対象にしたアンケートの結果、正午ごろに大学で友達に会ったときに「おはよう」とあいさつする人は70人中61人もおり、男性は35人中32人で女性は35人中29人であった。しかし、午後3時ごろに会った場合は、「おはよう」とあいさつする人は70人中34人に減って、男性は35人中20人で女性は35人中14人であった。

● 図表の付属要素

　表や図（グラフも含む）には、通し番号（表1、表2…、図1、図2…）と、内容を端的に表すタイトルをつけます。表の場合は上、図の場合は下につけるのが基本です。引用した図表には、出典も明記します。

〈通し番号とタイトルのつけ方の例〉

表1　タイトル（単位：人）

図1　タイトル（単位：％）

● 図表の紹介文

　自分で作った図表の場合も、引用した図表の場合も、まず、どういうデータなのか（調査の対象・時期・方法、引用の場合は調査機関など）を紹介する必要があります。
　調査方法などに不明な点がある図表は、引用を避けるべきです。

〈例〉自分で作った図表の紹介文
　次の表2～表4は、愛知県の大学生70人（男性35人、女性35人）を対象として2015年8月におこなった、あいさつに関するアンケート調査の結果である。用紙配布による調査で、有効回答率は100％であった。アンケート用紙は資料としてレポート末に添付している。
　表2は「おはよう」を使うと回答した人数を時間帯別に示したものである。

表2　時間帯別の「おはよう」の使用 (単位：人)

（表は省略）

〈例〉引用した図表の紹介文
　次の図2は、文化庁が2012年の2月から3月にかけて実施した「国語に関する世論調査」のうち、「日頃、言葉遣いで心掛けていることはどんなことですか」という質問（複数回答可）に対する回答を示したものである。全国の16歳以上の男女3474人を対象とした個別面接による調査で、有効回収数は2069人（有効回収率59.6％）である。

（図は省略）

図2　「言葉遣いの心掛け」の回答

（文化庁（2012）『平成23年度国語に関する世論調査　日本人の言語生活』ぎょうせい、p. 7）

● グラフの種類

　数量・数値のデータは、多くの場合、グラフにすると表よりもわかりやすくなります。どのようなデータを示すかによってグラフを使い分けます。
・円グラフ……全体（100％）のなかの割合を示す。
・棒グラフ……数値の大小が比較できるよう、並べて示す。
・帯グラフ……全体（100％）のなかの割合が比較できるよう、並べて示す。
・折れ線グラフ……主に、数値の時間に伴う変化を示す。
　また、レポートは白黒で印刷することが多いので、グラフも白黒で作るのが基本です。

〈円グラフの例〉

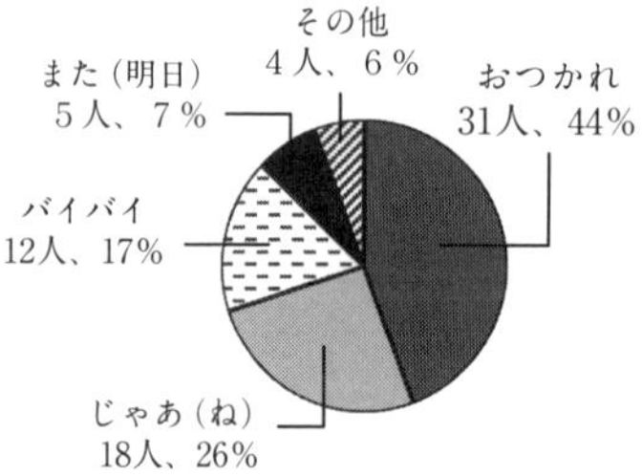

図3　友達との別れ際のあいさつ

〈棒グラフの例〉

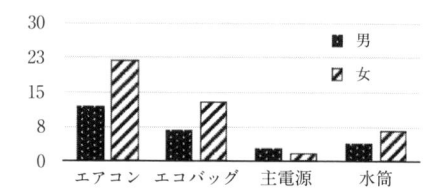

図4　大学生による「エコ」の実践の実態（単位：人）

〈帯グラフの例〉

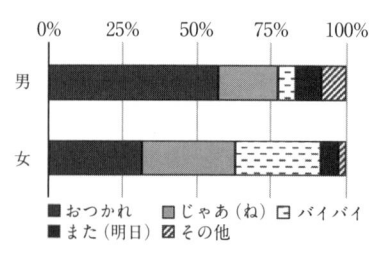

図5　友達との別れ際のあいさつの男女差

〈折れ線グラフの例〉

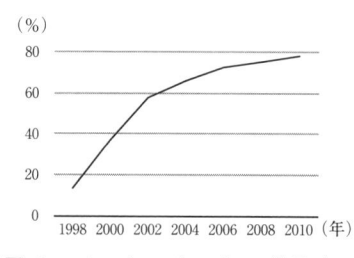

図6　インターネットの普及率

●事実の読み取りと解釈

　まず図表から客観的に読み取れる事実を述べ、次に事実に対する解釈を述べます。解釈を述べることで意見にスムーズにつながります(16 課参照)。
　「～の回答が最も {多い／少ない}」「～は約○割を占める」「○%以上の人が～と回答している」といった表現は客観的な事実の読み取りを表します。「～は［数値］を<u>大きく</u>上回っている」「○%<u>に過ぎない</u>」「～による差は<u>ほとんどない</u>ことがわかる」「～年から {<u>急激に</u>増加している／<u>わずかに</u>減少している}」といった表現(下線部)は、解釈を表しています。

課題 2　次の図 7 は、総務省が 2014 年 3 月に 6 か国各 500 名の 16 歳以上の男女を対象におこなった国際ウェブアンケートの結果です。総務省の「平成 26 年度版情報通信白書」の図を作図し直したものです。

　図の下には、図 7 を説明した文章があります。この文章を読んで、グラフから客観的に読み取れる事実を述べている部分、解釈を述べている部分、意見を述べている部分がそれぞれどこか、確認してください。

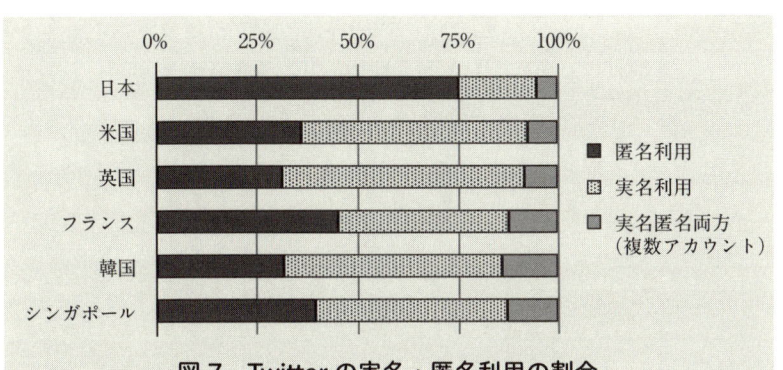

[グラフ：日本、米国、英国、フランス、韓国、シンガポールの匿名利用・実名利用・実名匿名両方(複数アカウント)の割合]

図 7　Twitter の実名・匿名利用の割合

　図 7 を見ると、日本はツイッターを匿名で利用する人の割合が 7 割を超えている。ほかの 5 つの国に比べてかなり多いことがわかる。日本人は、自分の体験や感想をインターネットで発信していても、その内容を知人に知られることには抵抗があるのだと考えられる。

課題3 次の図8は、厚生労働省が2013年3月におこなった「若者の意識に関する調査」の結果の一部です。「「日本の未来は明るい」という意見について、あなたはどう思いますか。」という質問に対する回答を就業形態別のグラフにしたものです。2013年時点における若年層(15〜39歳)を対象とした調査で、回答数は3133件です。

図8から客観的に読み取れることは何か、解釈できることは何か、話し合ってください。

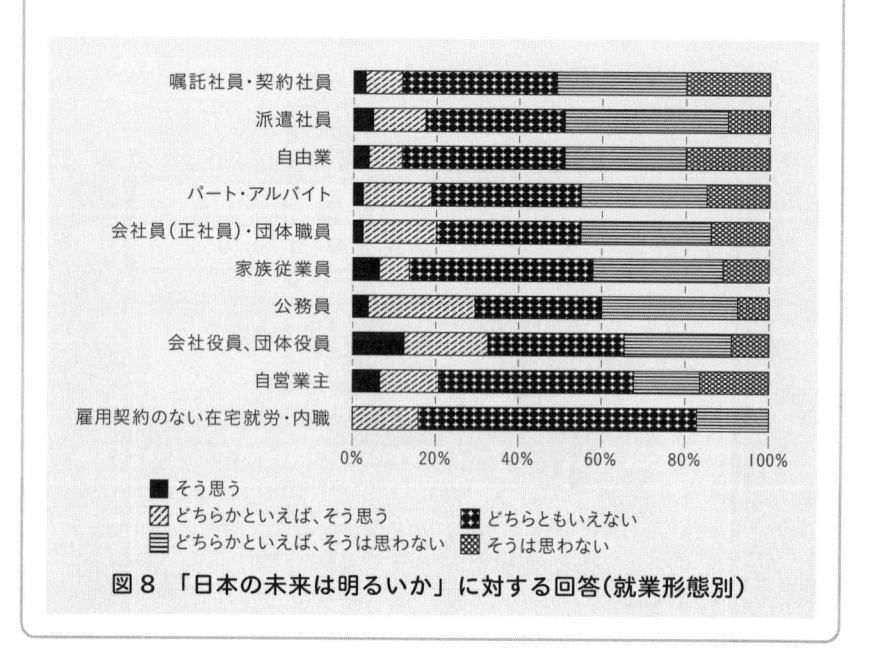

凡例:
- ■ そう思う
- ▨ どちらかといえば、そう思う
- ▦ どちらともいえない
- ≡ どちらかといえば、そう思わない
- ▩ そう思わない

図8 「日本の未来は明るいか」に対する回答(就業形態別)

課題4 次のグラフと文章には問題があります。どういうグラフにすれば適切になるか、文章にはどういう問題があるか考えてください。

「エコ」を意識しておこなっていることは何かという質問(複数回答可)に対する50人の大学生の回答を示したのが、図9である。

主電源を切る
5人、7％

水筒携帯
11人、16％

エアコンを
控える
34人、48％

エコバッグ
持参
20人、29％

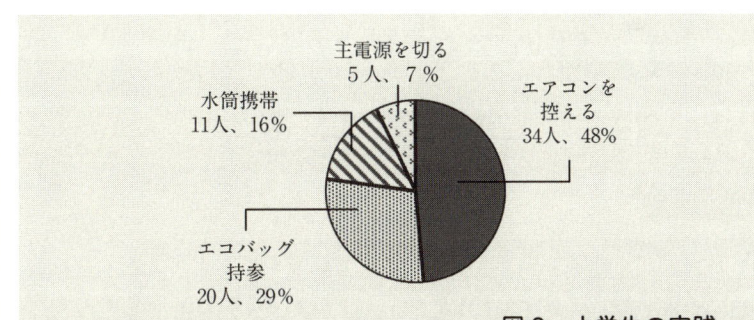

図9　大学生の実践

　エアコンの使用を控えるという人が48％で一番多い。大学生にとって、もっとも取り組みやすい実践であることがわかる。逆に電化製品の主電源をこまめに切るという回答は7％しかない。主電源を切ることで電力の消費量が減ることはあまり知られていないことがわかる。エコバッグを持参したり水筒を持ち歩いたりしている人も、あまり多くない。面倒なので、知っていても実践していない大学生が多いことがわかる。

　読み取った事実、解釈、意見を区別することで、主張の説得力が増します。これらを区別することは、情報があふれる現代社会で根拠のない噂やデマに惑わされずに生きていくためにも役に立つ能力です。

課題5　18課で実施したアンケート調査の結果の一部を適切な図表にまとめて紹介し、読み取れる事実、解釈、意見を発表してください。

参考サイト
図7の出典　「平成26年版情報通信白書」（総務省ホームページ）
　　http://www.soumu.go.jp/johotsusintokei/whitepaper/ja/h26/html/na000000.html
　　licensed under CC-BY 2.1 JP (http://creativecommons.org/licenses/by/2.1/jp/)
図8の出典　「平成25年版厚生労働白書」（厚生労働省ホームページ）p. 46
　　http://www.mhlw.go.jp/wp/hakusyo/kousei/13/dl/1-02-1.pdf
　　　　　　　　　　　　　　　　　　　　　（情報取得日 2015年9月5日）

20課 プレゼンテーションで内容を見直す

> **この課の目標**
> レポートの内容を、プレゼンテーションの準備を通して見直す。レジュメやスライドの基本を知り、プレゼンテーションの方法を身につける。

● レポートの内容をプレゼンテーションによって確認する

考えたことを人に話すと、頭のなかが整理されます。ここでは、レポートのアウトラインをもとに、問題提起から結論までが一貫して説明できるかを確認します(16課参照)。

● プレゼンテーションの準備
1. 発表の構成を考える
    ・発表時間内で何をどう話せば伝わりやすいかを考える。
    ・調べたことをどのような順で話すかを考える(問題提起のあとに主張を先取りして述べておくと、全体像が伝わりやすくなる)。
2. レジュメやスライドを作成する
    ・発表のアウトラインと、主張の根拠となるデータや資料を示す。
    ・アンケートや実験の結果は図表を使って示す(19課参照)。
3. 発表のメモを作成する
    ・発表の進め方を考え、レジュメやスライドのコピーなどに、話す順や注意点をメモする。
4. 発表の練習をする
    ・本番と同じような条件でリハーサルをする。
    ・決められた時間より長すぎても、短すぎてもよくない。
    ・レジュメやスライドの内容に不備があれば修正する。

● レジュメの作成（プレゼンテーションの準備２）
　配布用のレジュメを作成します。レポートのアウトラインだけでなく、文献からの引用や図表などを、レイアウトを整えて掲載します。

[レジュメ作成のポイント]
１．**レジュメに必要な情報**（下の例を参照）
　　・授業名、発表の日付、発表者の名前と学籍番号、発表タイトルなど。
　　・参考にした文献は、著者や発行年などの情報を示す（15課参照）。
２．**わかりやすくする工夫**
　　・各見出しに番号をつけたり、箇条書きを使ったりして整理する。
　　・図表に通し番号とタイトルをつける（19課参照）。
　　・レジュメが複数枚ある場合はページ番号をつける。
　　・本文の特に強調したい箇所に下線を引く。

〈例〉

社会学入門演習Ⅰ　　　　　　　　　　　　　　　　　　2016年10月15日
　　　　　　　　　　　　　　　　　　　　　　　　　　1071235　原田　佑
　　　　　　　　　　　　　グリーンカーテンの効果

　1.はじめに
　　　1）東日本大震災（2011年3月11日）における福島第一原子力発電所の事故
　　　2）エネルギー問題への関心の高まり
　　　3）節電対策としての「グリーンカーテン」の推奨
　　　　→窓を覆うように育てた朝顔やゴーヤなどによって日差しを遮る

　　問題提起：グリーンカーテンは、日常生活のなかでの節電対策として、どの程度の
　　　　　　　効果があるか。
　　結　　論：グリーンカーテンを使用すると、今より30％の節電ができる。

　2.実施状況
　　　1）中部電力の取り組み
　　　　【表１】消費電力の測定結果一覧

運転中の最高温度	緑のカーテンあり
31℃	1.08kc

> **課題１**　プレゼンテーションで配布するレジュメを作成してください。

●プレゼンテーションの実践

　発表は、配布したレジュメに沿って進めます。プレゼンテーションの技術は社会人になってからも必要とされます（第Ⅰ部社会人対象アンケート調査結果 p. ⅷ、p. 3、p. 8、参照）。

[プレゼンテーションの流れ]
1．発表者の名前、あいさつ
2．主題、考察の背景
3．論拠（事実・解釈・意見）
4．まとめ、今後の課題
5．質疑応答

　プレゼンテーション中は、聞き手への配慮を怠らないようにしましょう。たとえば、見出しにつけた番号や下線を引いた箇所を明確に示しながら話すことで、より聞き取りやすくなります。また、話す速度と声の大きさにも注意してください。発表時間は守らなければなりませんが、時間内に収めようとして早口になるのもよくありません。

> **課題2**　作成したレジュメを使って、プレゼンテーションをしてください。聞き手は、発表が終わったあとに何か質問するつもりで聞くようにしましょう。

[質疑応答]
　聞き手からの質問は、発表がどのように伝わったかを知る手がかりになります。言いたいことが伝わりにくかった箇所は、説明の仕方を工夫する必要があるところです。指摘を受けた点やその場で答えられなかった事柄は、調べ直して、改めて考察します。聞き手からの意見を取り入れてレポートを修正することで、より充実したものへと改善することができます。

● スライドの利用

　パソコンのプレゼンテーション用ソフトなどを利用して作成したスライドを、プロジェクターで映しながら説明します。スライドは、教室のどこから見てもわかりやすいように作成します。スライドは、カラー表示や写真・動画などによって視覚に訴えることができますが、スライドだけでは聞き手が発表の内容を把握するのが難しいこともあります。スライドを利用する場合でも、レジュメを配布したほうがよいでしょう。

[スライド作成のポイント]
1．文字の大きさは、大きな教室では32ポイント以上、小さな教室では24ポイント以上を目安とする。
2．文字はフォントをゴシック体などの太めにして、見やすい色で示す。
3．1枚の画面に内容を盛りこみすぎない。7行程度がよい。
4．画面の表示時間と枚数は、聞き手が把握できる時間・分量にする。
5．特に注目してほしい箇所は、アニメーション機能を使って強調する。
6．写真・動画を使うと視覚効果が高まる（ほかの人が撮った写真や動画などを使用する際は、著作権に配慮する）。

〈例〉

```
社会学入門演習Ⅰ　　2016年10月15日

　　　　グリーンカーテンの効果

　　　　　　1071235　原田 佑
```

```
1. 考察の背景
　1) 2011年3月11日・東日本大震災
　2) エネルギー問題への関心の高まり
　3) 節電対策の推奨
　　　→グリーンカーテン
　　　　自治体での取り組み
　　　　家庭での実践
```

グリーンカーテンとは

```
2. 実施状況
　1) 中部電力の取り組み
【表1】消費電力の測定結果一覧
```

　課題3　プレゼンテーションで使用するスライドを作成してください。

21課 レポートを仕上げる
―タイトル・推敲―

> **この課の目標**
> レポートの仕上げとして、タイトルをつけ、書式・形式を整え、本文を推敲して、必要に応じて修正する。

●タイトルのつけ方

レポートには、内容を表すタイトルをつけます。タイトルは、レポートで扱った対象や研究の方法を取り入れ、レポートの内容を的確に表すものがよいとされます。漠然としたものや、長すぎるものは避けましょう。サブタイトル（副題）をつけることもできます。

〈例〉『とりかへばや物語』の改作とその方法
　　　グリーンカーテンの節電効果―原発事故後の取り組みを中心に―

> **課題1**　次のa～eは、よくないタイトルの例です。よくない理由を考えてください。
> a　学食について
> b　ストップ！学内喫煙
> c　環境問題と私の考え
> d　東日本大震災とエコとの関係についての考察―地震と省エネ―
> e　グリーンカーテンの効果と原発事故後の省エネへの取り組み

タイトルを決めたら、表紙に記入します。記入する位置は「付録　レポートの表紙の例」(p. 155)を参考にしてください。

● 書式・形式と提出前の確認

　レポートや論文の書式・形式は、分野によって異なります。基本的には担当教員の指示に従ってください。特に卒業論文は書式・形式が指定されている場合がほとんどですので、執筆要領を確認しておきましょう。

　レポートや論文をパソコンのワープロソフトで作成する場合は、書く前に書式を設定します。書いたあとに書式を変更すると、図表などの位置がずれる場合があるためです。

　提出前には必ず印刷して、読みやすい体裁であるかを確認し、字間や行間などを調整します。

［一般的な書式］（14課参照）
1．字数・行数　　1行40字程度・1ページ35行程度
2．余白　　　　　上下左右25〜30mm程度
3．文字の種類　　本文は明朝体(10.5〜11ポイントが基本)
4．ページ番号　　表紙以外の各ページの中央下部につける
5．添付　　　　　目次、資料(アンケート用紙の見本、実験の結果一覧など)

● 推敲とは

　推敲とは、文章を何度も読み返して練り直すことをいいます。自分が書いた文章を、読み手の立場に立って客観的に読むようにしましょう。ほかの人に読んでもらい、指摘や意見を参考に修正する方法もあります。

［推敲の手順］
1．書いたレポートを印刷して、読みながら、チェックシート(p.143)の各項目を点検する。
2．必要に応じて文章を修正する。
3．最後にもう一度印刷して、全体の見直しをする。

> **課題2** 次の文章は、ある学生が、「グリーンカーテンの効果」というテーマで書いたレポートの冒頭です。[チェックシート]を参考に推敲してください。

> 東日本大震災での原子力発電所の事故をきっかけに、節電の意識が高まり、グリーンカーテン推進プロジェクトも全国各地の自治体でやったりしてるが、直接被害のなかった私も共感できるなぁと思う。
> グリーンカーテン。皆さんはご存じだろうか。グリーンカーテンとは、アサガオやゴーヤなどの蔓性の植物を窓を這わせて育てます。直射日光を遮るだけじゃなくて、葉から水分が蒸散されるので、その間を通る風の温度の上昇を抑えるし、光合性もするから、CO_2 も削減さる。

ほかの人が書いた文章を読むときは、普段から、文の構造や誤字脱字に注意して読むようにしましょう。自分の文章を練り直すときの目が養われます。

> **課題3** 自分のレポートを推敲してください。

> **課題4** グループ内でレポートを交換して、相互に推敲してください。読む側は、本文に下線を引いて気づいた点を示し、コメントを記入してください。最後に意見や感想を書き入れます。よかった点もあげてください。

課題4で受けた指摘や意見をもとに、レポートの内容と表現を見直し、必要に応じて修正します。最後に全体を読み直して、仕上げます。

［提出時の注意点］
提出の日時や期限、提出方法、提出先を間違えないようにする。

[チェックシート]

1．書式・形式	
	表紙をつけているか。必要な情報を正しく書いているか。（p. 155）
	ステープラー（ホチキス）で左上をとめているか。（p. 155）
	ページ番号を表紙以外のページの中央下部につけているか。（p. 105）
	字数・行数の設定が指定どおりか。（p. 105）
	枚数（文字数）が指定どおりになっているか。（p. 79）
	段落の始まりを1字分空けているか。（p. 15）
	節を分け、通し番号と見出しをつけているか。（pp. 156-157）
	参考文献の一覧を、適切な書き方をして、つけているか。（p. 113）
2．文章	
	段落を意味のまとまりで分けているか。段落が長すぎないか。（p. 15）
	話し言葉のような語や表現を使っていないか。（p. 14）
	誤字・脱字はないか。（p. 11）
	呼応の乱れはないか。（p. 44）
	長すぎる文がないか。50字を超える文は文の構造を確認したか。（p. 44）
	「です」「ます」を使っていないか。（p. 75）
	名詞や言いさしで終わっている文がないか。（p. 77）
	主観的な表現（「私は〜と思う」など）を使っていないか。（p. 77）
	事実と意見が区別されているか。（p. 101）
3．構成・内容	
	課題・テーマに沿った内容になっているか。（p. 106）
	序論・本論・結論の構成になっているか。（p. 103）
	主張と論拠が適切に対応しているか。（p. 114）
	原文引用・要約引用の方法に間違いがないか。（pp. 118-120）
4．図表・アンケート調査	
	図表に通し番号とタイトルをつけているか。（p. 130）
	アンケート調査の概要を書いているか。（p. 131）
	調査で使用したアンケート用紙の見本をつけているか。（p. 124）

レポート執筆のまとめ

●執筆のスケジュール
　今まで見てきた作業を順番に並べると以下のようになります。進めるうちに修正が必要になるのはよくあることです。2・3・4の過程を納得いくまで繰り返すことで、よいレポートを書きあげることができます。計画的に進め、余裕をもって提出日を迎えるようにしましょう。

1．レポートの課題が出たら
・課題で何が求められているかを把握する(15課)
・具体的に何について書くか、テーマを決める(15課)

2．テーマ(問題提起)が決まったら
・資料を探す(15課)
・必要に応じてアンケート調査の準備・実施をする(18課)

3．資料が集まったら
・構成を考える(16課)
・必要に応じてテーマを修正する

4．構成が決まったら
・必要に応じてさらに資料を探したり調査をしたりする(15・18・19課)
・本論から書き始め、資料を適切に引用する(17課)
・プレゼンテーションやグループワークを利用して内容や表現を修正する(20課)
・構成を確認しながら、序論、結論を書きあげる(16課)

5．書き上げたら
・内容にふさわしいタイトルをつける(21課)
・チェックリストを利用して推敲する(21課)

> 論理的な文章を自分の言葉で書くことは大切だと思います。自分の考えをわかりやすく伝える文章構成、言葉の使い方（語彙を十分に持っていることも含む）をしっかり身につけておくこと、そして借り物ではない自分の言葉で書く力が必要だと考えます。
>
> 教育・学習支援、40～44歳、男性

> 文章はその人の思いが現れると思うので、日常から認識を鍛えることが必要だと感じる。読書はもちろん、様々な経験をすることが大切である。
>
> サービス業、25～29歳、男性

> 読み手の気持ちになって客観的に推敲できないのは、文章力以前にコミュニケーション力の問題が大きいように思う。
>
> 複合サービス業、50～54歳、男性

> 成功する人には情熱があり、わけへだてなく人を大切にします。学生の皆さんにはそういう姿勢を学んでほしいと思います。
>
> 製造業、55～59歳、男性

22課 自分を表現する
―自己PR発展編―

> **この課の目標**
> 就職活動における自己PRについての理解を深め、わかりやすく魅力的で、評価につながる自己PRの書き方を学ぶ。

● 就職活動における自己PRの重要性

　就職活動において、自己PRは人事採用を決める重要な情報です。

　人事採用の主な方法として「コンピテンシー採用」があります。その会社で高い成果を上げている人の思考や行動の特性をパターン化し、それに近い人材を採用するという方法です。これは、会社の仕事や文化に適応し、会社とともに成長できる人を見出すためのものです。

　人事採用で評価されるのは、多くが「自ら率先して行動する」「他者と生産的な関係を構築する」「客観的事実に基づいて物事を判断する」といった思考や行動の特性です。採用担当者は、そういった思考や行動の特性をもった人物かどうかという観点から自己PRを読みます。その会社で活躍しにくいと判断されれば、本人のためにも不採用となります。

　就職活動における自己PRを書く際には、このような採用側の考え方を理解したうえで、自分の人柄や能力が社会のなかで役に立つものであることが採用担当者に伝わるように書く必要があります。

> **課題1** 有能な人材について考える
> 自分の身近にいる優れた人物をあげ、その人がどのような考え方や行動をしているか、考えてみてください。また、グループで話し合い、優れた人物についての共通点をあげてください。

22課　自分を表現する

〈自己PRの実例〉

次の自己PRは、就職氷河期と言われた時代に、総合商社や広告代理店など幅広い業種の企業から多くの内定をもらった学生が実際に書いたものです。

> 　私は留学したり経営講座に出たりしているうちに、学生がプロの方と話し合い、実際に使える知恵を獲得する場を作りたいと思い、学生団体を結成しました。そして大学教員や経営コンサルタント、商社マンの方々との自由討論会など、300人以上の参加者を集めて企画を催しました。当初は、野球の経験から根性を活かした仕事量で勝負していましたが、それだけではダメだと気付き、他の団体や企業のWebやアンケート等のフィールドワークで情報を集め、イベントを改善していきました。現在は、情報収集から始めることが行動原則となったと感じています。この経験を通じ、協働作業のできる仲間と、こだわりをもって改善を続けることの重要性を感じました。今後も新しく出会う知識や、仕組み、人々との交流の中、仲間と新しい価値を創造し、自分の可能性を最大化させていきたいです。

- 具体的な経験の記述から、強い成長意欲をもって主体的な行動をとったことがわかる。
- 学生だけでなく、社会人とも接点をもって取り組んだことがわかる。
- 社会で通用する水準へと自分を成長させるための考え方や方法を確立していることがわかる。
- 人との関わりで自分と集団を活性化する社会人の基本を理解していることがわかる。
- 強い成長意欲をもって主体的に仕事に打ち込み、成果をあげるであろうことを期待させる。

　この自己PRからは、学生時代を通じて、高い目標を掲げて積極的に行動し続けた学生の姿が読み取れます。この学生の努力が周囲の人間関係にもよい影響を与え、学生と周囲の人びととの相互作用による生産的なサイクルを生んでいます。人間関係や集団社会に貢献する「社会人」としての資質を満たしていることが、わかりやすく書かれています。

● リスク要因
　就職活動における自己PRでは、会社にマイナスの影響を及ぼす可能性（リスク要因）についても注視されます。次のような思考や行動をとる人は他者と生産的な関係を構築しがたいため、採用されにくくなります。
・客観的な視点が弱く、感情的、主観的な判断をする傾向が強い。
・好き嫌いや利害関係など自分の都合を優先する。
・人を選り好みし、苦手な人のことは否定したり軽視したりする。
・「他者に感謝の心で接し、批判は自分に向ける」という基本姿勢が作れない。

● 評価される自己PRを書くために
　13課では、次のことを学びました。
［伝わりやすい自己PRにする方法］
1．現在→過去→未来の順に説明する
2．数値を入れて具体的に述べる
3．テーマを絞りこむ
［自己PRによく見られる不適切な表現］
1．具体的な根拠を伴わない主張
2．抽象的な表現
3．過剰な表現
4．他者に対する否定的な表現
5．矛盾した表現
　具体的な根拠を示して主張を伝わりやすくすることなどは、第Ⅱ部で学んできたアカデミック・ライティングとも通じます。これらの書き方をふまえたうえで、就職活動の自己PRにおいては特に次のことが伝わるように書く必要があります。
［就職における自己PRで特に伝えるべきこと］
1．経験に裏打ちされた自信をもっていること
2．温かい人間関係を築いたり、上下関係のなかで成長したりできること
3．客観的、論理的に物事を判断し、積極的に行動できること

よい自己 PR を書くためには、就職活動の時期までに、何かに全力で打ちこむ経験を積んでおくことが望まれます。成功や失敗の経験を糧に自らを成長させておくことが、評価される自己 PR を書くうえで必須といえます。

> **課題2**　自己中心的な印象を与える自己 PR
> 　大学4年生の平川さんは、車の運転をシミュレーションできる優れたソフトウェアを作成しました。律儀な性格で、学園祭の企画委員として進行スケジュール作成などで活躍しました。
> 　平川さんの次の自己 PR には強い思いがこめられていますが、書類審査に落ちてしまいました。
>
> 　私はどんなことでも最後までやり遂げます。誰かに頼まれたことはもちろんのこと、自分で決めたことは必ずやり遂げます。大学の課題はいつも期限より早く提出していました。周りの友人はぎりぎりで提出するような人も多かったのですが、私はそんなことは一度もありませんでした。3年生のときに自分達でソフトウェアを作るという授業があり、最初は何をしていいか全然わかりませんでした。しかし、わからないなりに色々勉強し、何とか提出できました。課題を出すということは大切なことであり、私の性格上、途中で何か物事を投げ出すような行為は好きではありません。このような考え方は会社でもとても重要なことだと考えます。なので、何もないところからでもがんばり、それを誰かがほめてくれる時はとても喜びを感じるものだと思っているので、是非、貴社で働きたいです。

問題1　この自己 PR の問題点をできるだけ多く指摘してください。また、その理由をあげてください。

問題2　この自己 PR を、平川さんの印象がよくなるように書き直してください。その際、設問にある平川さんについての説明を参考にしてください。それ以外の不足している情報は想像で補ってかまいません。

課題3 人物像がつかめない自己PR

　大学4年生の佐々木さんは、高校時代に長距離走で県大会優勝をしたことのある努力家です。大学時代には授業のティーチング・アシスタントをし、ゼミではゼミ長としてみんなをまとめました。

　佐々木さんの次の自己PRは書類審査を通過しましたが、面接で「あなたがどういう人なのか、よくつかめない」と言われてしまいました。

> 　私は、人から信頼される人間です。人との出会いやかかわりを大切だと知っているからです。私の長所は、目標を定めそれに向かって努力を続けることができることです。陸上部では長距離走でいくつかの大会で優勝という目標を達成しました。それまでフォームを工夫したり走り込みをしたりと厳しい毎日でしたが、そこに充実感を見出すことで目標をかなえました。短所は、人付き合いが苦手なことです。しかし、大学に入学し、先生方やゼミの仲間と触れ合うことで、得意になってきました。将来、社会人として活躍するために、人から信頼される強みをいかし、起爆剤となる存在へと成長していきたいです。そして、最終的には生徒に学ぶ価値や意味を実感させられる教師になりたいと考えています。

問題1 この自己PRの問題点をできるだけ多く指摘してください。また、その理由をあげてください。

問題2 この自己PRを、佐々木さんの人柄や能力がよく伝わるように書き直してください。その際、設問にある佐々木さんについての説明を参考にしてください。それ以外の不足している情報は想像で補ってかまいません。

課題4 経験がアピールに結びついていない自己PR

　大学4年生の谷川さんは、自分の短所である人見知りをなおしたいという思いから、新聞部の活動と留学に挑戦して成長してきました。
　谷川さんの次の自己PRは、書類審査を通過しました。しかし、面接で「マーケティングを勉強した経験は、留学したときにどのようにいかすことができましたか」と質問され、答えられませんでした。

　私は、大学2年生のとき、「あすなろ通信」という学内の新聞づくりで○○社にインタビューに行きました。マーケティングの勉強は苦労しましたが、インタビュー後の「よく調べたね」という言葉が嬉しかったです。この経験から、努力は決して苦痛ではないとわかりました。また、アメリカへ語学留学した時、ブラジルから来た留学生の「わからないまま授業を受けるのは先生に失礼だ」という言葉をきっかけに、「わからないものはわからない」と言うようになりました。先生もしっかりと答えてくださり、わかりました。この経験から、アドバイスを積極的に受け入れることが、成長につながると気づきました。これからも、ベストを尽くし他者から素直に学ぶ姿勢を大切にして成長していきたいです。

問題1　この自己PRの問題点をできるだけ多く指摘してください。また、その理由をあげてください。

問題2　この自己PRを、谷川さんの2つの経験が効果的にアピールできるように書き直してください。その際、設問にある谷川さんについての説明を参考にしてください。それ以外の不足している情報は想像で補ってかまいません。

課題5

　自分が実際に就職活動をするときのことをできるだけ具体的に想像して自己PRを書いてください。それまでに経験する予定のことも経験したと想定し、具体的に書いてください。

このテキストのまとめ

● 第Ⅰ部と第Ⅱ部の関係

> **課題1**
> 第Ⅰ部で扱ったさまざまなジャンルの文章表現と、第Ⅱ部で扱ったレポートの書き方の共通点は何か、話し合ってみてください。

　文章を読みやすくする具体的な技術はもちろん、幅広い視野で問題をとらえる必要があることも共通しています。そのような姿勢は、文章の内容にも影響します。

● レポートを書く意味

> **課題2**
> レポートを書く過程で高まった能力は何か、話し合ってみてください。

　レポートの完成までには、テーマを決める段階から推敲まで、いろいろな作業がありました。レポートを書く過程で学んだ、自分の主張に客観性をもたせることは、自己PRを書く際にも役立ちます(22課参照)。また、レポートに限らず、文章を書くことは、自分が何を考えているかを知るためのよい機会となります。思考が整理されたり、自分がわかっていない部分を自覚できたりします。

● 自分の成長を確かめる

> **課題3**
> 1課の課題1で書いた文章と同じテーマで、もう一度文章を書いてください。最初に書いたものと読み比べ、どう変化したか確認してください。

　このテキストで学んだことは、大学生活だけでなく社会生活においても幅広くいかせるでしょう。どのような文章を書くときも、文章の目的や読み手を意識することを忘れないようにしてください。

付録

レポートの構成表
レポートの表紙の例
レポートの体裁の例
練習問題

[レポートの構成表]

◆レポートのテーマ

◆構 成

序論
　　テーマの説明 _____

本論
　　論拠1　データ _____

　　　　　意　見 _____

　　論拠2　データ _____

　　　　　意　見 _____

　　論拠3　データ _____

　　　　　意　見 _____

　　主張 _____

結論
　　まとめ _____

〈レポートの表紙の例〉

　レポートには表紙をつけるのが基本です（表紙をつけないよう指定された場合は、その指示にしたがいます）。

　パソコンのワープロソフト（Word など）には凝ったデザインの表紙のテンプレートが入っていますが、レポートにはそういったデザインの表紙は使いません。シンプルに見やすく整えます。文字の配置は下の例のとおりでなくてもかまいません。

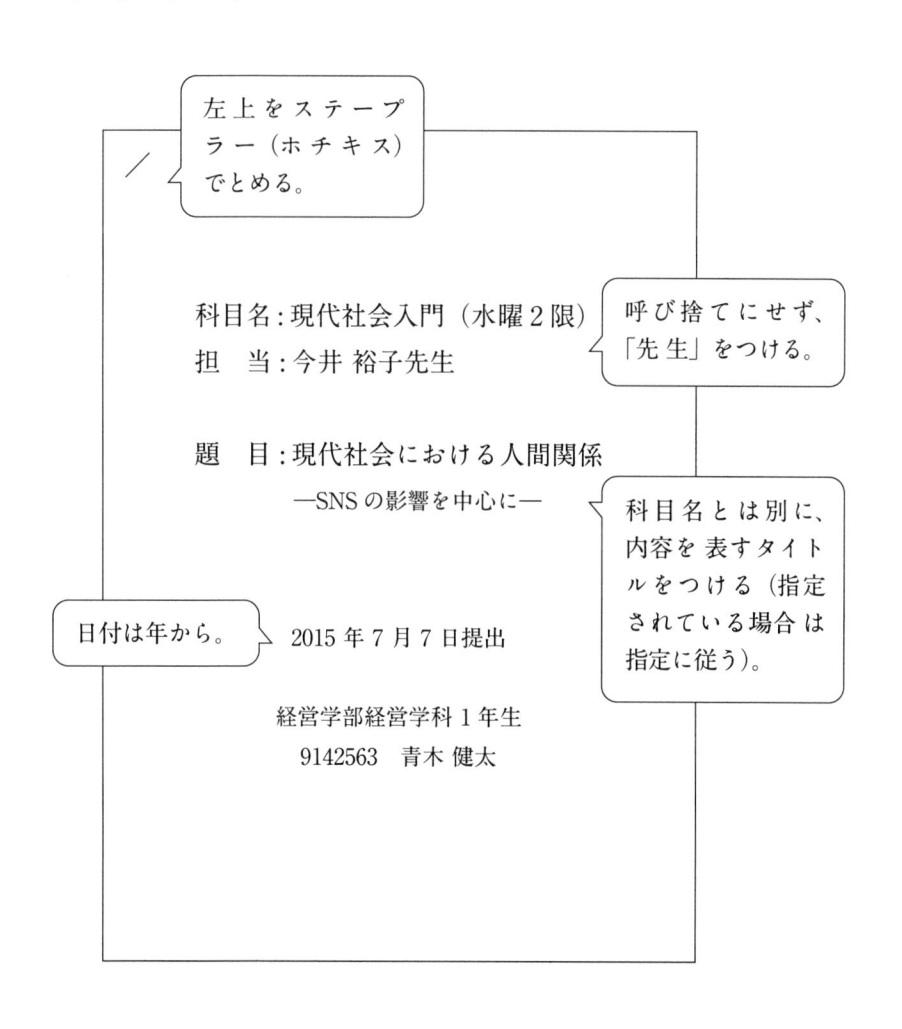

> 左上をステープラー（ホチキス）でとめる。

科目名：現代社会入門（水曜2限）
担　当：今井 裕子先生

> 呼び捨てにせず、「先生」をつける。

題　目：現代社会における人間関係
　　　　―SNS の影響を中心に―

> 科目名とは別に、内容を表すタイトルをつける（指定されている場合は指定に従う）。

> 日付は年から。

2015 年 7 月 7 日提出

経営学部経営学科 1 年生
9142563　青木 健太

〈レポートの体裁の例〉

引用や図表の記載の具体的な決まりは、各課を参照してください。

> 節には通し番号とタイトルをつける。

> 表紙をつけないという指示の場合は最初にタイトル、学籍番号、名前などを書く。

1．はじめに
　2011年の東日本大震災以降、エネルギー問題は日本の大きな課題となっている。節電が日常で意識されることも多くなった。…□□□□□□□□□□□□□□□□□□□□□□□□□□□□□□□□□□…
　では、グリーンカーテンは実際にどの程度普及し、効果を上げているのだろうか。
　以下では、グリーンカーテンの特徴と、△△大学大学生へのアンケート調査をもとに、グリーンカーテンの実際の効果について述べる。

2．グリーンカーテンの効果と普及
2．1　グリーンカーテンの特徴
　まず、グリーンカーテンの特徴について述べる。
　×××によると、…□□□□□□□□□□□□□□□□□□□□□□□□□□□□□□□□□□□□□□…。
　この節ではグリーンカーテンの特徴について述べた。

2．2　アンケート調査
　この節では、△△大学でおこなったアンケート調査とその結果について述べる。
　このアンケート調査は、…□□□□□□□□□□□□□□□□□□□□□□□□□□□□□□…。

> 必要に応じて、節の内容を分け、通し番号とタイトルをつける。

表1　アンケート結果

　表1を見ると…□□□□□□□□□□□□□□□□□□□□□□□□□□□□□□□□□…。□□□□□□□□□□□□□□□□□□□□□□□□□□□□□…。
　ここでは、アンケート調査と結果について述べた。
　ここまで述べたことから、グリーンカーテンは、…□□□□□□□□□□□□□□□□□□□□□□□□□□□□□…。

1

> ページ番号を忘れずに（14課）。

2．3　グリーンカーテンの普及
　この節では、グリーンカーテンの普及について述べる。
　×××によると、…□□□□□□□□□□□□□□□□□□□□□□□□□□□□□□□□□□□□□□□…。

> 章や節の始まりには内容を予告する文、終わりには内容をまとめる文があると読みやすくなる。

　以上のことから、グリーンカーテンは…。…□□□□□□□□□□□□□□□□□□□□□□□□□□□□。

3．おわりに
　以上、グリーカーテンの普及と効果について、グリーンカーテンの特徴と大学生へのアンケート調査に基づいて述べ、普及が急速に進んだ理由と効果について＊＊＊＊と主張した。…□□□□□□□□□□□□□□□□□□□□□□□□□□□□□。

参考文献
野上佳宏（20XX）「エコ意識の広まりと電力消費」『月間エネルギー』30 (7) ECO 書房
吉野博（20XX）『植物の蒸散とグリーンカーテン』いろは出版

参考サイト
資源エネルギー庁（20XX）「再生可能エネルギーに関する意識調査」
　http://www.enech.meti.go.jp/category/sav_/（情報取得日 20XX 年7月20日）

> 最後のページの後に、アンケート調査票などの資料を添付する場合もある（18課）。

> 参考文献・サイトの掲載を忘れずに（15課）。

練習問題1　間違いやすい漢字（2課）

　次のそれぞれの文には誤字が含まれています。正しい字に直してください。誤字が複数含まれているものもあります。

（1）　レポートでは、言いたいことを強張するときにも、「！」は使わない。

（2）　迷惑をかけたら誤るのは当前(とうぜん)のことだが、できない人が以外と多い。

（3）　アルバイトが急がしすぎて生活のリズムが乱れるのは、問題だ。

（4）　就職活動で成攻するために、まず、情報を集収しています。

（5）　プレゼンテーションのあとの質擬応答で、予想外のことを指的されて困乱してしまった。

（6）　美術部の友達の独想的な絵を見て、関心した。

（7）　選択枝が多いのはいいが、多すぎると選ぶのが面到になることもある。

（8）　批反にも耳を傾けて、自分自身を高上させていきたい。

（9）　課題に取り組む子どもたちの真険な表状が、印像に残っています。

（10）　正しい表記の練習問題は、158頁にあります。

練習問題2　話し言葉のような語・表現（2課）

　次の文には話し言葉のような語や表現が含まれています。かたい文章にふさわしい文にしてください。話し言葉のような語や表現以外でも、直したほうがいいところがあれば直してください。

（1）　バイト先では、フレンドリーな先輩からいろいろ教わった。

（2）　試験の前でも勉強しない人は、マジメに勉強することをカッコ悪いと思っているのだろうか。

（3）　やっちゃいけないことをやっちゃいけないとゆえる教師になりたい。

（4）　ぱっと見ただけじゃわからない違いについて、このレポートではっきりさせたい。

（5）　目上の人からのアドバイスに対して「参考にします」と返事すると、上から目線みたいな印象を与えてしまう。

（6）　読モに憧れる若い女の子の心理について考える。

（7）　コンビニが近くにあるかどうかは、一人暮らしをしている学生なんかにとっては、すごい重要なことである。

（8）　考察が足らないところもあったと思うが、この研究で知ったことを今後にいかしていけれたらいいなと思う。

練習問題3　わかりにくい文（6課）

　次の文は、文の構造の乱れや、助詞の使い方の間違いなどによって、わかりにくくなっています。わかりやすい文に整えてください。文の構造や助詞以外でも、直したほうがいいところがあれば直してください。

（1）　この節は、昭和から現在までのファッションの変化を述べる。

（2）　若者にとって彼らの歌はとても勇気をもらっている。

（3）　ゲームを悪く言う大人がいるが本当に長時間ゲームをすることで子どもに悪い影響を与えているのだろうか。

（4）　体育会系の人は挨拶や礼儀をきっちりできていることが多い。

（5）　このようなことをメディアリテラシーと言われている。

（6）　高い費用を出すには収入が少ないのと仕事で時間がとれないことと関心が薄いために海外に行こうとしない若者が増えているという。

（7）　地域の人達が同じ方言を使うことで人間関係がうまくいくのだと思ったし、方言が時代とともに変化するのは仕方のないことだが人々の関係を築く方言を守り続けていく必要があると思った。

（8）　最近の若者にはコミュニケーション能力が低いと言われている。理由として考えられることは、インターネットのせいで他人と面と向かって話したりする機会が減ってしまったからではないだろうか。

練習問題4　間違いやすい敬語（7課）

次の文は、敬語の使い方に間違いがあります。正しい敬語を用いた文に、直してください。誤りが複数含まれているものもあります。

（1）　一度、こちらからご説明になりたいのですが、お時間いかがでしょうか。

（2）　お帰りの際は、お忘れ物にご注意してください。

（3）　ぜひ浜野さまにも庭を拝見していただければと思います。

（4）　では、この件、野村先生にお伝えしていただけますか。

（5）　いただいたお菓子は、家族の者でおいしく召し上がりました。

（6）　部長が決定をいたされたプロジェクトの内容に賛成します。

（7）　次の休みは、母の実家に伺う予定です。

（8）　ご試着されたジャケットは今シーズン一番人気の商品です。

（9）　私、花村大学の岡田一郎と申し上げます。

（10）　先生が今日、お話いただいた内容にとても共感しました。

練習問題5 アカデミックな文章に
ふさわしくない表現（11課）

次の文章を、アカデミックな文章にふさわしいものにしてください。アカデミックな文章として不要な部分は、削除してかまいません。

（1） SNSの問題点について私なりに考えてみようと思います。

（2） 以上、3人の作家さんにご登場いただいたわけだが、それぞれに個性をお持ちである。

（3） ここまでは正直ちょっと考えればわかることだと思う。なので、次は昔と今との違いについても考える。

（4） 次に価格との関係について。商品の人気について考えるには、価格のことを考えないとお話にならない。

（5） 図2を見たら、30年間あまり変化してないような気がしてくる。

（6） 長々と書いてきたが、若者は周りの友達に合わせることを重視している人が多いのではないだろうかということがわかった。

（7） このレポートで大学生の読書の実態を調査することが出来、本を読まない人が増えている原因を明らかにする事に私は成功した。

（8） あと、今回私が思ったことは、若者も楽ではないこと。自由だと思われるかもしれないがそこまで自由でもない。

［参考文献］

大島弥生・池田玲子・大場理恵子・加納なおみ・高橋淑郎・岩田夏穂(2014)『ピアで学ぶ大学生の日本語表現─プロセス重視のレポート作成─［第2版］』ひつじ書房

大島弥生・大場理恵子・岩田夏穂編(2009)『大学の授業をデザインする　日本語表現能力を育む授業のアイデア』ひつじ書房

樺島忠夫(2002)『文章術─「伝わる書き方」の練習』角川学芸出版

木下是雄(1994)『レポートの組み立て方』筑摩書房

桑田てるみ編(2015)『学生のレポート・論文作成トレーニング　スキルを学ぶ21のワーク［改訂版］』実教出版

慶應義塾大学教養研究センター監修　新井和広・坂倉杏介著(2013)『アカデミック・スキルズ　グループ学習入門─学びあう場づくりの技法』慶應義塾大学出版会

高崎みどり編著(2010)『大学生のための「論文」執筆の手引　卒論・レポート・演習発表の乗り切り方』秀和システム

田中真理・阿部新(2014)『Good Writingへのパスポート　読み手と構成を意識した日本語ライティング』くろしお出版

中澤務・森貴史・本村康哲編(2007)『知のナヴィゲーター』くろしお出版

野田春美・稲葉小由紀・岡村裕美・辻野あらと・藤本真理子・米田真理子(2014)「大学生が習得すべき文章表現力とは─社会人を対象としたアンケート調査報告─」『教育開発センタージャーナル』第5号、神戸学院大学教育開発センター、pp. 57-71

野田尚史・森口稔(2003)『日本語を書くトレーニング』ひつじ書房

浜田麻里・平尾得子・由井紀久子(1997)『大学生と留学生のための論文ワークブック』くろしお出版

平川敬介(2012)『600字で書く文章表現法─「小論文」「論作文」ってどんな文章［2014年度版］』大阪教育図書

三浦香苗・岡澤孝雄・深澤のぞみ・ヒルマン小林恭子(2006)『最初の一歩から始める日本語学習者と日本人学生のための　アカデミックプレゼンテーション入門』ひつじ書房

おわりに
―このテキストができるまで―

　このテキストは、神戸学院大学において積み重ねてきた文章表現少人数クラスの教育研究をふまえて作成したものです。
　2003 年度から現在に至るまで、そのときどきの科目担当者の方々には、ミーティングや合宿にて熱心に御議論いただくなど多大な御協力をいただきました。これまでの研究成果を、感謝の意をこめて紹介いたします。

野田春美・池谷知子・岡村裕美・建石始・辻野あらと・中尾桂子・中﨑崇・仁田円・森篤嗣・湯淺章子(2004)「少人数クラスによる大学生対象の文章表現教育法の実践報告」『人文学部紀要』24、神戸学院大学人文学部、pp. 23-35(以下『人文学部紀要』の発行所略)

野田春美・池谷知子・岡村裕美・坂本智香・建石始・辻野あらと・中尾桂子・中﨑崇・仁田円・森篤嗣(2005)「アカデミック・ライティングを中心にした文章表現教育法の実践報告」『人文学部紀要』25、pp. 51-67

野田春美(編)・池谷知子・岡村裕美・坂本智香・高橋博美・建石始・辻野あらと・中尾桂子・中﨑崇・中原香苗・仁田(小西)円・森篤嗣・湯淺章子(2006)『『日本語を書くトレーニング』を用いた授業の実践報告』(神戸学院大学人文学部研究推進費 2003-2005 年度 研究成果報告書)

野田春美・池谷知子・岡村裕美・坂本智香・高橋博美・建石始・辻野あらと・中尾桂子・中﨑崇・中原香苗・小西円(2006)「プレゼンテーション指導と連動させた文章表現教育法の実践報告」『人文学部紀要』26、pp. 1-25

野田春美・池谷知子・岡村裕美・坂本智香・高橋博美・建石始・辻野あらと・中尾桂子・中﨑崇・中原香苗(2007)「文章表現教育による能力の向上を測定する試み」『人文学部紀要』27、pp. 1-40

野田春美・岡村裕美・坂本智香・高橋博美・建石始・辻野けんま・中﨑崇(2008)「作文テストによる文章表現能力の測定―大学 1 年次生に対する

教育効果の分析─」『人文学部紀要』28、pp. 21-41

野田春美・岡村裕美・坂本智香・佐野裕子・高橋博美・辻野けんま・中﨑崇・中原香苗・米澤優 (2009)「作文テスト評価基準の運用における留意点の報告─大学1年次生の文章に対する評価の分析─」『人文学部紀要』29、pp. 47-71

野田春美・岡村裕美・辻野あらと (2010)「「文章表現」の授業内容の定着をめざして─『日本語を書くトレーニング』とアカデミック・ライティング指導の関連づけ─」『人文学部紀要』30、pp. 23-46

岡村裕美・辻野あらと (2011)「『文章表現Ⅰ』における授業内容定着をめざす試みの実践報告」『教育開発センタージャーナル』第2号、神戸学院大学教育開発センター、pp. 23-36

岡村裕美・辻野あらと (2012)「「文章表現」授業の取り組みの経過と課題」『教育開発センタージャーナル』第3号、神戸学院大学教育開発センター、pp. 59-69

岡村裕美「『文章表現Ⅰ』授業の取り組み」(2013)『教育開発センタージャーナル』第4号、神戸学院大学教育開発センター、pp. 41-50

野田春美・稲葉小由紀・岡村裕美・辻野あらと・藤本真理子・米田真理子 (2014)「大学生が習得すべき文章表現力とは─社会人を対象としたアンケート調査報告─」『教育開発センタージャーナル』第5号、神戸学院大学教育開発センター、pp. 57-71

岡村裕美「「文章表現Ⅱ」におけるアカデミック・ライティング能力向上のための取り組み」(2014)『教育開発センタージャーナル』第5号、神戸学院大学教育開発センター、pp. 45-56

岡村裕美「「文章表現Ⅱ」における論証文作成練習とルーブリック使用の試み」(2015)『教育開発センタージャーナル』第6号、神戸学院大学教育開発センター、pp. 63-76

野田他(2014)では、辻野あらとさんの担当でおこなったアンケート調査で社会人約600名の回答を得ることができ、本テキスト作成に大いに役立ちました。御多忙のなか御協力いただいたみなさまに改めて感謝申し上げます。

また、2003年度から現在まで神戸学院大学人文学部の研究推進費等をたびたび活用させていただきました。感謝いたします。このテキスト作成に直接関係するものは、以下のとおりです。

2012年度神戸学院大学人文学部研究推進費
　研究課題「大学における文章表現教育の目的の明確化と目的に応じた教育方法の探究」（研究代表者　野田春美）
2013年度神戸学院大学人文学部研究推進費
　研究課題「大学生を対象としたグループワークによる文章表現テキスト作成のための研究」（研究代表者　野田春美）
2014年度神戸学院大学人文学部研究推進費
　研究課題「グループワークを生かしたアカデミック・ライティングのテキスト作成のための研究」（研究代表者　野田春美）
2015年度 神戸学院大学教育改革助成金
　研究課題「「文章表現」科目に効果的なグループワークを主体としたテキスト開発」（研究代表者　岡村裕美）

　上記の助成金を受けて本テキストの試用版を作成し、2014年度と2015年度の授業で使用しました。試用版について授業担当者や受講生ほか大学内外の方々から貴重な御意見をいただきました。心より感謝申し上げます。

　さまざまな形で御協力いただいた方々、そしてこれまでの受講生のみなさんに感謝し、このテキストがその恩に少しでも報いるものになっていることを願います。

　　　2015年秋

　　　　　　　　　　　　　　　　　　　　　　　　　　　　　野田春美

著者紹介

野田春美	神戸学院大学人文学部教授
岡村裕美	神戸学院大学共通教育センター准教授
米田真理子	鳥取大学地域学部教授
辻野あらと	(株)国際・進学教育研究社(兵庫)
藤本真理子	尾道市立大学芸術文化学部准教授
稲葉小由紀	神戸学院大学共通教育センター非常勤講師

草稿担当

野田春美	2課・6課・10課・11課・18課・19課・コラム「料理と文章」・付録「レポートの表紙の例」「練習問題」(1・2・3・5)
岡村裕美	「はじめに」「グループワークの例」「プレゼンテーションの例と注意点」・1課(前半)・3課(課題5以外)・4課・15課・16課・各まとめ・付録「レポートの構成表」「レポートの体裁の例」
米田真理子	1課(後半)・9課・20課・21課
辻野あらと	12課・13課・22課・コラム「PDCA」
藤本真理子	5課・7課・8課(課題1・2・3・7・8)・17課・付録「練習問題」(4)
稲葉小由紀	3課(課題5)・8課・14課・コラム「傾聴力」

　草稿担当は上記のとおりですが、全員の議論をふまえて作成しています。

○本書を教科書として採用くださるか、採用を検討してくださる方には、ティーチングマニュアルを提供しています。ご利用希望の方は、お名前・担当授業名・学校名・予定人数をご明記の上、ひつじ書房(textbook-hint@hituzi.co.jp)までメールでお問い合わせください。

グループワークで日本語表現力アップ
Building up Academic Japanese Writing Skills Through Group Work
Harumi Noda, Hiromi Okamura, Mariko Yoneda, Arato Tsujino, Mariko Fujimoto, Koyuki Inaba

発行	2016 年 3 月 25 日　初版 1 刷
	2024 年 3 月 19 日　　　6 刷
定価	1400 円＋税
著者	ⓒ野田春美・岡村裕美・米田真理子・辻野あらと・藤本真理子・稲葉小由紀
発行者	松本功
ブックデザイン	上田真未
本文イラスト	鈴木由利恵
印刷・製本所	株式会社 シナノ
発行所	株式会社 ひつじ書房
	〒112-0011 東京都文京区千石 2-1-2 大和ビル 2 階
	Tel.03-5319-4916　Fax.03-5319-4917
	郵便振替 00120-8-142852
	toiawase@hituzi.co.jp　https://www.hituzi.co.jp/

ISBN978-4-89476-802-4

造本には充分注意しておりますが、落丁・乱丁などがございましたら、小社かお買上げ書店にておとりかえいたします。ご意見、ご感想など、小社までお寄せ下されば幸いです。